Renate Miller-Gruber

ELIAS HOLL

Der Baumeister
der Renaissancestadt Augsburg

Hrsg.: Regio Augsburg Tourismus GmbH

context verlag
Augsburg | Nürnberg
www.context-mv.de

Elias Holl: ein Genie im Zeitalter der Renaissance

Wo immer man auch im Zentrum der ehemaligen Reichsstadt Augsburg unterwegs ist – an vielen Stellen hat man die Bauten Elias Holls vor Augen. Auf dem Rathausplatz spiegelt das Ensemble von Renaissancerathaus und Perlachturm die Leistung des Handwerkers, Baumeisters, Architekten und Stadtwerkmeisters Elias Holl wider.

Der Bildhauer Fritz Koelle (1895 – 1953) schuf im Jahr 1943 diese Bronzebüste Elias Holls. Sie steht in einer Nische im südlichen Treppenhaus des Augsburger Rathauses.

Der Renaissancebaumeister Elias Holl in seiner Heimatstadt Augsburg

Elias Holl als Bauhandwerker, Stadtwerkmeister der Reichsstadt und stadtbildprägender Architekt

Zu den größten Attraktionen des an Sehenswürdigkeiten nicht eben armen Augsburg gehört das monumentale Rathaus, das als dominierendes Gebäude im Zentrum der Stadt die Blicke auf sich zieht. Zu Beginn des 17. Jahrhunderts – bis 1620 – wurde es von Elias Holl, dem Stadtwerkmeister der Reichsstadt Augsburg, errichtet. Holl machte sich mit diesem Bauwerk einen Namen als einer der bedeutendsten Architekten der Renaissance nördlich der Alpen. Bei einem Rundgang durch Augsburg sind weitere Bauten von Elias Holl zu entdecken, auch wenn nicht wenige von ihnen im Lauf der Jahrhunderte zerstört und andere baulich sehr stark verändert wurden.

Als ein berühmter Sohn der Stadt ist Holl darüber hinaus noch in anderer Weise präsent: Der hinter dem Rathaus bis zum Jahr 1890 neu geschaffene Platz trägt den Namen Elias-Holl-Platz.

In einem Altstadthaus an der Augsburger Bäckergasse (Werbhausgasse 2) war Elias Holl 1573 zur Welt gekommen. Nach dem Tod seines Vaters hat er dort bis 1618 mit seiner Familie gelebt.

1968 wurde dort ein Denkmal in Form eines kleinen Obelisken errichtet, das an das Leben und Werk des Architekten erinnert. Am Haus Elias-Holl-Platz 2 wurde ein Sandsteinrelief mit dem

Am Erker des nach dem Zweiten Weltkrieg wiederaufgebauten Geburtshauses sieht man Replikate jener Terrakottaköpfe, die der 17-jährige Holl für das Mehrer-Haus modelliert hatte.

1618 zog Elias Holl vom Lechviertel in das Anwesen Kapuzinergasse 16 in der feineren Augsburger Oberstadt. Die Inschrift an der Fassade des Hauses nennt auch Holls Todesjahr 1646.

Porträt von Elias Holl – nach einem Stich Lucas Kilians aus dem Jahr 1619 – angebracht.

Elias Holls Elternhaus im Lechviertel

Das elterliche Haus, von Elias Holls Vater Hans 1564 erbaut, steht an der Bäckergasse, in einem von Lechkanälen durchzogenen Gebiet in der Altstadt, das traditionell überwiegend von Handwerkern bewohnt war. Dort wurde Elias Holl 1573 geboren. Er verbrachte seine Kindheit und Jugend im Lechviertel. Nach dem Tod des Vaters übernahm Elias Holl das Haus mit seiner Familie. Das Anwesen wurde 1631 verkauft, im Zweiten Weltkrieg zerstört und 1956 wieder aufgebaut. An der Fassade zur Werbhausgasse weist eine Inschriftentafel auf die prominenten Bewohner hin.

Der mit Terrakottabüsten verzierte Erker ist eine Rekonstruktion jenes Erkers, den Elias Holl 1590 – als gerade mal 17-Jähriger – am Haus des Fugger'schen Buchhalters Hanns Mehrer (heute Maximilianstraße 21) dekoriert hatte. An dieser Stelle stand zuvor das „Haus vom Rohr": Es war das Geburtshaus Jakob Fuggers „des Reichen". Hans Holls Neubau von 1590 wurde 1944 zerstört.

Im südlichen Treppenaufgang des Augsburger Rathauses sieht man das Epitaph von Elias Holl und seiner Familie. Auf dem Wappenrelief apportiert ein Pudel einen Vogel – wohl eine Anspielung auf den Namen Holl.

Ein Haus in der Oberstadt

1618, im Alter von 45 Jahren, zog Elias Holl mit seiner zweiten Frau Rosina Reischler und den Kindern in die Oberstadt, in die heutige Kapuzinergasse 16 (damals Schongauer Gasse), in der vorwiegend angesehene Kaufleute und Angehörige des Patriziats lebten. Die Familie hatte das Haus von Rosinas Vater, dem Gürtler Tobias Reischler, geerbt. An diesem Gebäude, das im Jahr 1944 bei einem Bombenangriff zerstört und 1955 wieder aufgebaut wurde, ist eine Gedenktafel angebracht.

Holls Grab vor dem Roten Tor

Elias Holl starb 1646. Er wurde auf dem Protestantischen Friedhof an der Haunstetter Straße vor dem Roten Tor beigesetzt. Sein Grab liegt dort an der westlichen Mauer (Feld 5, 262). Die rote Originalmarmorplatte von 1622 trägt ein rundes Wappenrelief mit einem Pudel, der einen Vogel apportiert (also holt): Dieses „sprechende Wappen" ist wohl eine Anspielung auf den Namen Holl. Die Inschrift erinnert an Holls – lang vor ihm verstorbene –

Die bekannteste Darstellung Elias Holls zeigt der Stich von Lucas Kilian von 1619, der – neben Baumodellen unter anderem des Rathauses – im Maximilianmuseum in Augsburg zu sehen ist.

Ehefrauen Maria Burkart (1575–1608) und Rosina Reischler (gestorben 1635). Seine erste Ehefrau gebar Elias Holl insgesamt acht Kinder. 13 Kinder entsprangen seiner zweiten Ehe.

1838 wurde die Grabtafel für Elias Holl und seine beiden Ehefrauen in einer Wand im südlichen Treppenaufgang des Rathauses eingemauert. Am Grab Elias Holls auf dem Protestantischen Friedhof ließ der Magistrat der Stadt wechselnde Gedenktafeln und einen überdimensionalen Bronzezirkel anbringen. 1985 erhielt das Grabdenkmal die derzeit aktuelle Inschriftentafel.

Das Maximilianmuseum würdigt Baumeister Holl

Seit dem Jahr 2006 präsentiert das neugestaltete Maximilianmuseum der Stadt Augsburg (Fuggerplatz 1) wichtige Originale aus dem Nachlass des Stadtwerkmeisters Elias Holl – Handwerkszeug sowie aus Holz gefertigte Baumodelle – in zwei Sammlungsräumen. Außerdem dokumentiert das Museum mit diesen beiden Räumen den Bau des Rathauses und würdigt damit das architektonische Schaffen dieses bedeutendsten Augsburger Baumeisters in der Zeit der Renaissance.

„DEM ERBAUER DES RATHAUSES ZU AUGSBURG" lautet die Inschrift auf der Grabplatte über der letzten Ruhestätte Elias Holls, die zudem ein überdimensionierter Bronzezirkel ziert.

Stadtbaumeister? Stadtwerkmeister!

Elias Holl war Handwerker – Maurer und Baumeister. Stadtbaumeister, wie es immer wieder zu lesen ist, war er nicht. Stadtbaumeister war ein kommunales (Ehren-)Amt: Seit der von Kaiser Karl V. nach dem Schmalkaldischen Krieg in der Reichsstadt erzwungenen Verfassungsänderung von 1548/49 waren solche hohen Ämter ohnehin allein Vertretern patrizischer Familien vorbehalten. Ein Beispiel für die Besetzung dieses Amtes ist Octavian Secundus Fugger, der in dieser Position den Augustusbrunnen initiierte. Als Stadtwerkmeister war Elias Holl den vom Rat gewählten Stadtbaumeistern unterstellt. 1602 hatte er sein Amt von Jakob Eschay übernommen. Im Goldenen Saal des Renaissancerathauses dokumentiert die Inschriftentafel über dem Südportal die Besetzung der Ämter während der Bauzeit. Nach den beiden Stadtpflegern (die auf der Inschrift „DVVMVIRIS PRAEFECTIS" genannt werden) und den fünf Mitgliedern des Geheimen Rats („QUINQVE VIRIS") folgen die drei Stadtbaumeister Konstantin Imhof, Hans Bartholomäus Welser und Wolfgang Paller („AEDILIBVS").

Auf dem nach Elias Holl benannten Platz vor der Ostfassade des Augsburger Rathauses zeigt eine bronzene Plakette auf dem Denkmalsobelisken das Porträt des Stadtwerkmeisters. Die Inschrift darunter führt Holls Geburts- und Sterbejahr auf.

Elias Holl: Geschichten und Forschung

Elias Holl hat neben imposanten Bauwerken, die nur noch zum Teil erhalten sind, auch schriftliche Dokumente hinterlassen. Rechnungen, Briefe und Verträge geben Hinweise auf seine Tätigkeit. In den Steuer- und Baumeisterbüchern der Stadt Augsburg wird Elias Holls Arbeit fassbar. Risse, Pläne und Entwurfszeichnungen sind im Stadtarchiv und in den Graphischen Sammlungen verwahrt.

Die Holl'sche Hauschronik

Von besonderem Interesse ist eine Art Autobiografie, eine von Elias Holl verfasste Lebens- und Werkbeschreibung. Diese ab 1620 entstandene Hauschronik, die ausführlich über familiäre Ereignisse und über Holls Projekte als Maurer und Architekt berichtet, ist nicht mehr als Original, sondern nur in einer späteren Abschrift durch einen Schwager oder Schwiegersohn (um 1656) erhalten. Sie wurde erstmals 1910 von Christian Meyer ediert.

Eine Porträtbüste Elias Holls befindet sich in der Augsburger Metzg, die der Stadtwerkmeister im Auftrag der Reichsstadt zwischen 1606 und 1609 als neues Zunfthaus der Augsburger Metzger errichtete.

Elias Holls Zeichnungsbuch

Eine theoretische Abhandlung Holls, sein „Geometrie- und Messbuch" (1620 – 1644), ist seit 2016 durch eine Publikation zu Holls Werkverzeichnis (Eva Haberstock) auch einem breiteren Publikum zugänglich. Dieses Zeichnungsbuch, das Geometrie, Feldmessung, Visierkunst und Instrumente illustriert, fasst die praktischen Erfahrungen des Baumeisters zusammen. Fast alle Veröffentlichungen über Elias Holl greifen mehr oder weniger intensiv auf diese Quellen zurück. Über die Jahrhunderte hinweg haben sich zahlreiche Autoren über Holls Leben und Werke geäußert, abwechselnd unter biografischen, lokalhistorischen oder kunsthistorischen Aspekten. So gibt es neben zeitgenössischen Beurteilungen (Philipp Hainhofer, 1632/33) und Reisebeschreibungen, die eher den Werken als der Person gelten, eine frühe Würdigung Elias Holls als Künstler durch Joachim von Sandrart (1675). Der Augsburger Geschichtsforscher Paul von Stetten (1765, 1779) wertete in seinen Publikationen als Erster Informationen aus der Haus-

„Stadtbaumeister", wie es das Holl-Denkmal auf dem Elias-Holl-Platz glauben machen will, war Elias Holl nicht: Vielmehr war er Stadtwerkmeister. Die Stellung des Stadtbaumeisters war ein den führenden Familien vorbehaltenes reichsstädtisches Ehrenamt.

chronik aus. Es folgten Lebensbeschreibungen, Beiträge in Künstlerlexika, Kunst- und Architekturgeschichten sowie 1890 eine erste Künstlermonografie von Wilhelm Vogt.

Theaterstücke und Romane

Spätere wissenschaftliche Untersuchungen rückten praktisch-handwerkliche Gesichtspunkte oder innovative künstlerische Leistungen Elias Holls in den Mittelpunkt (Norbert Lieb, 1953, 1958). Daneben wurde sein Leben immer wieder literarisch-fantasievoll ausgestaltet. Es entstanden romantisierende Theaterstücke, Novellen und sogar Romane über den Augsburger Baumeister (Eckhard von Knorre, 1974).

Jüngere wissenschaftliche Publikationen

In den 1980er Jahren begann eine gründliche Sichtung und Aufarbeitung des vorhandenen Materials: Die historischen Dokumente wurden ausgewertet und wertvolle Erkenntnisse gewonnen. Besonders hervorzuheben sind die Publikationen über Elias Holl von Bernd Roeck (1983, 1985, 2004) und von

An der Fassade eines Hauses am Elias-Holl-Platz – am Fuße der Treppe am „Eisenberg" – sieht man auf einem farbig bemalten Holzrelief neben anderen Prominenten der Stadtgeschichte auch ein stilisiertes Porträt des Stadtwerkmeisters Holl.

Hermann Kießling (1985, 1997) sowie ein Ausstellungskatalog zum Augsburger Rathaus von 1985 („Elias Holl und das Augsburger Rathaus"), herausgegeben von Wolfram Baer, Hanno-Walter Kruft und Bernd Roeck.

Weitere Beiträge wurden 1991 von Ulrich Schütte und 1996 von Benedikt Mauer publiziert, als eine reich dokumentierte Ausstellung anlässlich des 350. Todesjahrs im Rathaus gezeigt wurde. Holls Funktion innerhalb der Augsburger Gesellschaft als Stadtwerkmeister, seine Beziehungen zur italienischen Architektur und seine Bedeutung für den Städtebau wurden dabei beleuchtet. 2016 erschien „Der Augsburger Stadtwerkmeister Elias Holl (1573 – 1646): Werkverzeichnis", bearbeitet und kommentiert von Eva Haberstock. In diesem Quellenwerk sind erstmals alle vorhandenen Zeichnungen und Pläne zu Bautätigkeiten von Elias Holl abgebildet und beschrieben. Holls Hauschronik, sein Zeichnungsbuch und andere Quellen wurden sorgfältig ediert, viele Berichte, Kostenvoranschläge, Gesuche und Gutachten des Stadtwerkmeisters publiziert.

Der Augsburger Baumeister Hans Holl und seine Söhne

Der schlanke Kirchturm der Klosterkirche Maria Stern am Elias-Holl-Platz erinnert daran, dass Holl aus einer Augsburger Familie von Handwerkern – gleichermaßen Maurermeister wie Baumeister – stammte. Holls Vater Hans hat das Kloster und den Kirchturm errichtet. Auch Elias Holls Bruder Jonas war an dieser Baumaßnahme beteiligt. Häuser und Schlösser für reiche Bauherren wie die Fugger, aber auch Kirchen der Baumeister der Familie Holl sind bis heute in und bei Augsburg erhalten.

Der schlanke achteckige Turm der Klosterkirche Maria Stern erhebt sich am heutigen Elias-Holl-Platz östlich des Holl'schen Rathauses. Errichtet wurde dieser Kirchturm von Elias Holls Vater, dem Baumeister Hans Holl.

Elias Holls Vater – der Baumeister Hans Holl und seine Werke

Schon der Maurer Hans Holl war ein führender Baumeister der Reichsstadt, den selbst die Fugger beauftragten

Auf den ersten Seiten der Holl'schen Hauschronik wird über die Familiengeschichte berichtet. Mehrere Generationen der Vorfahren von Elias Holl sind in Augsburg überliefert. Bereits sein Urgroßvater Jakob Holl (1413 – 1487) und dessen Sohn Sebastian (1482 – 1545), der Großvater von Elias Holl, waren als Maurer in der Stadt tätig. Sebastian Holl errichtete laut Chronik ein Pfarrhaus bei der Benediktinerklosterkirche St. Ulrich und Afra.

Hans (1512 – 1594), der Sohn von Sebastian und Veronika Holl, wurde als drittes von sechs Kindern geboren. Auch er erlernte das Maurerhandwerk und entwickelte sich zu einem der führenden Baumeister in der Stadt. Hans Holl war in erster Ehe (ab 1538) mit Apollonia Reichler (1516 – 1570), Tochter eines Metzgers, verheiratet. Mit ihr hatte er zwölf Kinder. 1572 heiratete er Barbara

In den Jahren 1506/07 erneuerte Hans Holl die Heilig-Grab-Kapelle und das Heilig-Grab-Monument in der ehemaligen Karmeliterklosterkirche St. Anna.

Hohenauer (1537 – 1607), die ihm laut Chronik acht Kinder gebar. Viele dieser Kinder verstarben bereits im Säuglingsalter, wie es in der damaligen Zeit nicht ungewöhnlich war. Die Söhne aus diesen Ehen wurden Handwerker, die Töchter heirateten.

Bauten für Handwerker, Kaufleute und die Fugger

Hans Holl baute vorwiegend Wohn- und Geschäftshäuser für die Handwerker und Kaufleute in der Stadt. Auch von den Brüdern Markus, Jakob und Hans Fugger wurde er als Werkmeister mit Bauaufgaben beauftragt. Als Meister seines Handwerks erwarb sich Hans Holl sowohl ein gewisses Ansehen als auch ein nicht unbeträchtliches Vermögen.

Hans Holl bewohnte mit seiner Familie ein Haus im Lechviertel (heute Werbhausgasse 2). Im Untergeschoss dieses Anwesens an der Bäckergasse war auch ein Viktualiengeschäft untergebracht. Maurermeister Holl besaß sowohl die Bäcker- als auch die Bierbrauergerechtigkeit. Er hinterließ testamentarisch neben zwei Häusern und dem Geschäft auch Hausrat und ein Barvermögen, zudem etliche Bücher und mechanische Messinstrumente.

Mehr als 60 Bauvorhaben Hans Holls aus vier Jahrzehnten sind belegt

Mehr als 60 Bauunternehmungen Hans Holls sind zwischen 1550 und 1590 nachgewiesen. Sie werden in der Chronik häufig mit der alten Literabezeichnung im Augsburger Stadtbild lokalisiert, datiert und kurz beschrieben. Auch die Besitzer werden genannt. Bei diesen Bauten handelte es sich meistens um mehrstöckige Häuser. Gewölbte Keller, Einwölbungen im unteren Stockwerk, Höfe mit gewölbten Gängen, Erker und Abseiten in den Innenhöfen sowie Säle werden jeweils besonders lobend hervorgehoben und als schön, stattlich oder kunstreich bezeichnet.

Erhaltene Bauten Hans Holls in Augsburg

Etliche Gebäude Hans Holls haben sich erhalten. Der Inventarband der Denkmäler in Bayern (Stadt Augsburg) nennt Hans Holl unter anderem als Baumeister eines Rückgebäudes in der Jesuitengasse 14, eines Giebelbaus mit Flacherker in der Kohlergasse 16 sowie eines großen dreigeschossigen Bürgerhauses von 1569 (Fassade verändert, heute Maximilianstraße 71).

Hans Holl arbeitete für die Fugger auch an deren Anwesen in der Pfaffengasse (zerstört, heute Zeuggasse 5) und leitete 1581 für Anton Fugger d. J. den Umbau eines Stadthauses am Weinmarkt (nun Maximilianstraße 40, im 18. Jahrhundert zerstört, das nachmalige, jedoch mittlerweile umbenannte „Hotel Drei Mohren"). 1590 erbaute er das Wohnhaus des Fugger'schen Buchhalters Hanns Mehrer (heute Maximilianstraße 21), das im Zweiten Weltkrieg in der sogenannten „Augsburger Bombennacht" vom 25. auf den 26. Februar 1944 ebenfalls zerstört wurde.

Die Klosterkirche Maria Stern

Eines der frühesten Bauwerke von Hans Holl ist die Klosterkirche der Franziskanerinnen, Maria Stern (Sterngasse 5). An diesem Sakralbau war er ab 1567 tätig. 1574 wurde dort der schlanke achteckige Turm zwischen den Giebeln von Kloster und Kirche fertiggestellt (Monogrammplatten im Turmobergeschoss). Unter anderem wirkte dabei Hans Holls ältester Sohn Jonas mit.

Hans Holl wurde auch von den reichen Augsburger Fuggern beauftragt. Der Vater Elias Holls gilt als der Baumeister, der die kleine Kirche St. Markus in der Fuggerei geschaffen hat.

Die Ecken des Turms sind durch gestufte Terrakottavorlagen betont. Die Stockwerke werden durch Zierelemente gegliedert. Als Bedachung dient eine „welsche Haube" aus Kupfer, die einer Zwiebel ähnelt. Das Innere, ursprünglich eine lichte zweischiffige Halle, wurde 1730 baulich verändert und barockisiert (ebenfalls im Februar 1944 stark zerstört, rekonstruierender Wiederaufbau).

Die Markuskirche der Fugger

Im Auftrag Markus Fuggers und dessen Neffen Philipp Eduard wurde 1580 mit dem Bau der kleinen Kirche St. Markus in der Fuggerei (Jakoberstraße 26) begonnen. Hans Holl – „täglicher Maur- und Werkmeister" im Dienst der Fugger – errichtete bis 1582 einen schlichten Saalbau mit einer Nordempore für die Stifterfamilie, mit breiten rundbogigen Fenstern sowie einer marmornen Portalanlage. St. Markus diente als Ersatz für die von den Protestanten vereinnahmten Kirchen wie die Annakirche, die Jakobs- und die Barfüßerkirche. Um 1731 wurde das Innere von St. Markus barockisiert. In der „Augsburger Bombennacht" wurde St. Markus schwer beschädigt und nach Kriegsende vereinfacht wieder aufgebaut.

Das Innere der im Zweiten Weltkrieg weitgehend zerstörten, wieder aufgebauten Kirche St. Markus in der Fuggerei.

Die Heilig-Kreuz-Kirche in Landsberg

Zu den Hauptwerken Hans Holls zählen zwei weitere Kirchenbauten, die der Protestant im Auftrag der Jesuiten errichtete. Im Jahr 1575 war Holl aufgefordert worden, Pläne für den Bau des Jesuitenkollegs zu fertigen, das bis 1578 erbaut wurde. Ob die beiden in Paris aufbewahrten Pläne von ihm stammen, ist allerdings nicht gesichert. Der Bau der Heilig-Kreuz-Kirche in Landsberg erfolgte von 1580 bis 1584 mit Stiftungsmitteln unter anderem der Familie Fugger, durch deren Empfehlung wohl der Kontakt zu Holl hergestellt wurde. Es entstand ein großzügiger Saalbau mit Choranbauten und Turm, der durch vier Fensterachsen gegliedert war. Die Gestaltung der ursprünglich flachen Holzkassettendecke ging auf Entwürfe des Münchener Hofmalers Friedrich Sustris zurück. Diese Renaissancekirche wurde von 1750 bis 1754 durch einen barocken Neubau ersetzt.

Die Jesuitenkirche St. Salvator in Augsburg

Auch die Errichtung der Jesuitenkirche St. Salvator in Augsburg, finanziert aus dem Erbe des kinderlos verstorbenen Christoph Fugger, geht auf Hans Holl zurück. Nachdem man schon im Jahr

In Landsberg am Lech erbaute Hans Holl das Jesuitenkolleg. Auch der Vorgängerbau der barocken Heilig-Kreuz-Kirche wurde vermutlich von ihm geplant.

1580 eine provisorische Kapelle in der heutigen Jesuitengasse eingerichtet hatte, wurde 1581 mit dem Bau der Kirche und der Kolleggebäude begonnen. Holls Entwürfe wurden jedoch in den folgenden zwei Jahren von anderen Baumeistern ausgeführt, da er selbst zu hohe Honorare eingefordert hatte. Wieder entstand ein beachtlicher Saalraum mit eingezogenem Chor, Chorwinkelturm und flacher Deckung. Die bemalte Giebelfassade war durch Okuli über hochrechteckigen, halbrund geschlossenen Fenstern gegliedert. Die Kirche wurde im 17. Jahrhundert umgebaut, im Jahr 1807 profaniert und 1872 abgerissen.

Die Heilig-Grab-Kapelle in der St.-Anna-Kirche

Hans Holl, der bereits um 1581 das Evangelische Collegium von St. Anna errichtet hatte (Annastraße 14, 1944 zerstört), war später wohl nochmals für die St.-Anna-Kirche tätig. Die dort 1506/07 an der Nordwestecke des Kreuzgangs als Stiftung erbaute Heilig-Grab-Kapelle – respektive das darin befindliche, auf hufeisenförmigem Grundriss stehende Heilig-Grab-Monument – wurde von Hans Holl erneuert. Über einem Unterbau mit Blendarkaden erhebt sich eine Laterne mit maurisch anmutender Kuppel.

Büsten eines Cäsarenzyklus zieren die von Hans Holl erbaute Säulenhalle im Koepfhaus am Fuggerplatz.

Andere vornehme Auftraggeber Hans Holls

Außer für die Familie Fugger war Hans Holl auch für andere vornehme Augsburger Bauherren tätig. So baute er im Jahr 1578 einen Komplex von mehreren spätmittelalterlichen Häusern für den Kaufmann Melchior Hainhofer um (das heutige Koepfhaus, Fuggerplatz 9). Hainhofer war ein Mitglied der „Herrenstube" und der Vater des bekannten Kunstagenten Philipp Hainhofer. Er ließ sich von Hans Holl ein mehrstöckiges Bürgerhaus errichten. Das Koepfhaus wurde zwar 1738/39 zu einem Barockpalast umgestaltet, die Säulenhalle im Stil der Renaissance ließ man dabei aber unangetastet. Im Erdgeschoss befindet sich ein dreischiffiges Vestibül mit bemalten und kannelierten Rundpfeilern. Diese Halle folgt stilistisch der im gegenüberliegenden Haus für Lienhard Böck von Böckenstein (1544/45, im heutigen Maximilianmuseum, Fuggerplatz 1) nach und weist auf Elias Holls Hallen voraus.

20 Jahre später sollte übrigens Hans Holls Sohn Elias das ebenfalls gegenüberliegende Bürgerhaus Philippine-Welser-Straße 26 errichten. Damals entstand ein traufseitiger Bau mit zwei Flacherkern. Die Fassade und das Innere dieses Bauwerks wurden später modernisiert. Ein kleiner Teil der Holl-Architektur blieb erhalten.

Für die Familie Langenauer, die 1572 ein altes Schloss in Deubach von der Familie Lauginger übernommen hatte, führte Hans Holl Umbauten aus. Das Schloss wurde im 17. und 18. Jahrhundert von nachfolgenden Besitzern weiter baulich verändert, sodass Holls Anteil nicht näher zu beschreiben ist.

Schlösser in Stadtbergen und in Inningen

Auch das sogenannte „Schlössle" in Stadtbergen wurde um 1580/90 von Hans Holl erbaut: zwei an der Langseite zusammengebaute Satteldachbauten mit einem Erker an der Südostecke und einem Renaissanceportal zur Gartenseite. Damals im Besitz der Familie Gienger, kam es ab dem 18. Jahrhundert in verschiedene Hände, wurde modernisiert und erweitert. Das Schlossgut in Inningen befand sich im Besitz von Marx Konrad Rehlinger, als Hans Holl im Jahr 1586 für einen Neubau nach den Plänen des Kunstschreiners Wendel Dietrich engagiert wurde. Das Obere Schlösschen wurde auf „welsche Manier" und mit einem Gartensaal aufwendig gestaltet. Im Alter von 13 Jahren begleitete Elias Holl den Vater auf diese Baustelle und beschrieb das später stolz in seinen Erinnerungen. Das Gebäude wurde 1970 abgerissen.

Ein Renaissanceportal des „Schlössle" in Stadtbergen erinnert daran, dass dieser Bau ursprünglich ein 1580/90 von Hans Holl errichtetes Landschloss vor den Toren von Augsburg war.

Elias Holl plante die Kirche Maria Hilf in Klosterlechfeld. Sein Bruder Esaias Holl arbeitete dort mit ihm zusammen.

Die Brüder: Jonas und Esaias Holl

Hans Holl hatte die „Meistergerechtigkeit" ordnungsgemäß erworben und damit zugleich die Berechtigung, Lehrjungen zu haben und auszubilden. Dies ist in der Hauschronik dort betont, wo es darum geht, dass Hans Holl den ältesten Sohn aus erster Ehe – den 1542 geborenen Jonas – als „Lernknecht" beschäftigte. Und so wird schon Jonas Holl mit seinem Vater auf Baustellen in der Stadt gearbeitet haben, vielleicht sogar am eigenen Haus an der Bäckergasse, das 1564 bezogen wurde.

Jonas Holl baute für die Fugger

Sicher nachzuweisen ist die Mitwirkung von Jonas Holl beim Bau des Kirchturms von Maria Stern: Dort befindet sich im oberen Stockwerk eine Monogrammtafel aus dem Jahr 1574. In den 1580er Jahren war Jonas Holl am Landvogteischloss zu Ravensburg tätig, mit seinem Vater am Mittleren Schloss in Bobingen, einem Sommersitz der Augsburger Fürstbischöfe, und als Gutachter am Schloss Geyersworth bei Bamberg. Im Jahr 1590 arbeitete Jonas Holl an den beiden Fuggerschlössern in Babenhausen und Wellenburg.

Esaias Holl war wohl auch am Bau der früheren Franziskaner-klosterkirche St. Max in Augsburg beteiligt.

Eine Sandsteintafel erinnert an Esaias Holl

Auch der jüngste Sohn Hans Holls, der 1580 geborene Esaias, lernte sein Handwerk vermutlich in der Familie. Esaias wurde Maurer und arbeitete später gelegentlich mit seinem Bruder Elias zusammen: Esaias führte Projekte aus, die Elias geplant hatte – so beispielsweise die Wallfahrtskirche Maria Hilf in Klosterlechfeld (1601 – 1604), die Friedhofskapelle St. Michael in Augsburg (1603 – 1605) und das Städtische Leihhaus (1605). An der Fassade des Hauses Kohlergasse 16 (von Hans Holl) wurde nachträglich eine kleine Sandsteintafel angebracht, die Esaias Holl als Maurer und die Jahreszahl 1606 nennt. Von 1609 bis 1613 war er vermutlich auch am Bau der ehemaligen Franziskanerklosterkirche zum Heiligen Grab beteiligt, die mit Unterstützung von Graf Maximilian Fugger finanziert wurde. An der Südseite dieser Kirche befand sich als runder Anbau eine Heilig-Grab-Kapelle. Die Kirche des 1807 aufgehobenen Franziskanerklosters wurde 1944 weitgehend zerstört und bis 1951 neu erbaut (St. Maximilian, Franziskanergasse 2). 1614 bat Esaias um Entlassung aus dem Geschworenenamt, um nach Blumenthal umzusiedeln. Weitere Nachrichten von ihm fehlen.

Bereits als 17-Jähriger modellierte Elias Holl die Originale jener Terrakottaköpfe, deren Replikate heute an seinem Geburtshaus an der Augsburger Bäckergasse (Werbhausgasse 2) zu sehen sind.

Der Lernbub und Geselle Elias Holl: mit dem Vater auf die Baustellen

Bei den reichen Augsburger Fuggern kam der junge Elias Holl in Kontakt mit vornehmen Bauherren

Elias Holl wurde 1573 geboren. Er wuchs in einem protestantischen Handwerkerhaushalt auf, in dem die Arbeit von Vater und Bruder den Alltag bestimmte. Als er drei Jahre alt war, wurde er bei der Grundsteinlegung des Klosters Maria Stern vom Vater in die Baugrube gehoben. Die Oberin der Franziskanerinnen hängte dem Kind eine goldene Schaumünze um den Hals.

Mit 13 Jahren auf den väterlichen Baustellen

Welche Schulen Elias Holl besuchte, ist nicht bekannt. Vielleicht ging er einige Zeit in das Augsburger Gymnasium bei St. Anna, wo er sich die später für ihn so nützlichen Kenntnisse in Latein, Italienisch und Geometrie erworben haben könnte. Der Weg in das Maurerhandwerk lag für Elias nahe und der Vater wurde für ihn zum ersten und wichtigsten Lehrmeister. Bereits 1586 – im

Alter von 13 Jahren – ging er mit ihm auf die Baustellen, von denen es im Stadtgebiet zahlreiche gab. In der Chronik erwähnt Elias Holl explizit eine Mitarbeit an den Häusern der Fugger in der Pfaffengasse (Zeuggasse 5), beim Bau des Hauses Stenglin gegenüber dem Beckenhaus (Karolinenstraße) im Jahr 1587, am Schloss von Marx Konrad Rehlinger in Inningen und 1590 am Haus von Hanns Mehrer (Maximilianstraße 21). In dieser Zeit erlernte Elias Holl nicht nur praktisch-handwerkliche Fertigkeiten. Er kam auch in Kontakt mit der Welt der vornehmen Bauherren. Im Haus der Fugger, in dem er eine „stattliche Hofhaltung mit Essen und Trinken", mit vielen Dienern und Gesinde erlebte, mag er sich auch intellektuell herausgefordert gefühlt haben.

Ein Angebot der Fugger: eine Reise nach Italien

Er war gerade 17 Jahre alt, als vom reichen Kaufherrn Jakob Fugger III. die Einladung kam, dessen Sohn Georg auf eine Reise ins „Welschland" – nach Italien – zu begleiten. Vater Hans Holl erschienen die Einflüsse einer solchen Reise scheinbar eher bedenklich: Das Angebot der Fugger wurde sehr zum Bedauern von Elias Holl abgelehnt.

In Augsburg waren soeben wichtige Entscheidungen für die Entwicklung des Stadtbildes gefallen. Der Bildhauer Hubert Gerhard arbeitete seit 1582 an Terrakottafiguren für die Grablege Markus Fuggers in der Benediktinerkirche St. Ulrich und Afra. Für den Kirchheimer Schlosspark schuf er im Auftrag von Hans Fugger ab 1584 einen Monumentalbrunnen. Parallel dazu war er für das bayerische Herzoghaus in München tätig. Nun sollte er auch für Augsburg einen repräsentativen Brunnen schaffen.

Spätestens seit dem Jahr 1589 war Gerhard mit den Bronzefiguren für den Augustusbrunnen beschäftigt. Gefertigt wurden sie von dem Stadtgießer Peter Wagner im städtischen Gießhaus. Es ist anzunehmen, dass der spätere Fortgang der Arbeiten am Brunnen von der Bevölkerung und den Handwerkern – vermutlich auch vom jungen Elias Holl – aufmerksam verfolgt wurde. Nur wenige Jahre nach der Einweihung des Monumentalbrunnens auf dem Perlachplatz im April 1594 sollte Holl als Stadtwerkmeister am Bau der umliegenden Gebäude beteiligt sein.

Baumeister Elias Holl und seine frühen Werke

Schon die frühesten Bauwerke Elias Holls lassen erkennen, wie stark seine Arbeit von den Theorien und Bauwerken italienischer Architekten geprägt war. Diese Eindrücke gewann Holl durch eine Reise nach Italien, sein Praxiswissen ergänzte er zudem durch das Studium architekturtheoretischer Werke. Der Kuppelbau Elias Holls für die Wallfahrtskirche Maria Hilf in Klosterlechfeld (der heutige Chor dieses später erweiterten Sakralbaus) orientierte sich zum Beispiel an der Santa Maria ad Martyres, dem Pantheon in Rom.

Elias Holls Zentralbau von 1603/04 ist heute der Chor der später erweiterten Wallfahrtskirche Maria Hilf in Klosterlechfeld.

Elias Holls Meisterprüfung, erste Aufträge und seine Italienreise

Elias Holl baute auch an ländlichen Schlössern der Augsburger Patrizierfamilien Ilsung und Fugger

Am Neujahrstag 1594 verstarb Hans Holl im Alter von 82 Jahren. Elias übernahm als ältester Sohn mit der Mutter die Haushaltsführung (vier Geschwister lebten noch in der Familie) und später das Elternhaus. Im Folgejahr 1595 heiratete er Maria Burkart, eine Metzgerstochter mit beträchtlicher Mitgift. Von acht Kindern des Ehepaars erreichten allein zwei das Erwachsenenalter: Johannes (geboren 1597) und Rosina (geboren 1602). Holls Mutter Barbara verstarb 1607, im Jahr darauf seine Ehefrau Maria. Nur Wochen später fand Elias eine neue Frau: Rosina Reischler. Sie heirateten im Mai 1608. In Holls zweiter Ehe wurden 13 Kinder geboren.

Meistertitel seit 1596

Als Maurer konnte Elias Holl die Bauaufgaben in der Nachfolge seines Vaters in der Stadt nicht ohne Weiteres fortführen, da er das Meisterstück noch nicht eingereicht hatte. In seiner Chronik

An die ursprüngliche Kapelle, die von Esaias Holl 1603/04 erbaute Rotunde, schließt das barocke Langhaus von Maria Hilf an.

berichtet er knapp, dass er (wohl im zweiten Anlauf) am 25. Mai 1596 den Meistertitel erworben habe und nun unter anderem mit Gesellen, „einem Mörtelrührer und zwei Buben" als selbstständiger Maurer arbeiten konnte.

Für den Augsburger Patrizier Melchior Ilsung erweiterte Elias Holl östlich der Reichsstadt 1595 dessen Schloss in Kissing (ein Ort im heutigen Landkreis Aichach-Friedberg).

Westlich von Augsburg liegt das Fuggerschloss in Wellenburg. Im Auftrag des Schlossherrn Jakob Fugger III. errichtete Elias Holl dort 1597 das bis heute erhaltene äußere Schlosstor. Im später im neugotischen Stil umgestalteten Bauwerk sind noch Relikte des Holl'schen Torbaus zu entdecken.

Zwei Schlösser bei Augsburg

Elias Holl hatte sich aber auch in der Zeit vor dem Erwerb seines Meistertitels nicht ganz vom Bauen abhalten lassen und Aufträge außerhalb der Stadt angenommen. Für den Augsburger Patrizier Melchior Ilsung errichtete er 1595 an dessen Schloss in Kissing eine Gartenmauer „auf runden Pfeilern und Bögen" und einen stattlichen Anbau (ab 1713 baulich verändert).

Noch im selben Jahr wurde er von Jakob Fugger III. – einem Sohn Anton Fuggers – mit der Ausführung des äußeren Schlosstors samt einer Zugbrücke in Wellenburg beauftragt. Für einen weiteren „gewaltigen Bau" in Wellenburg lagen schon Pläne Elias Holls sowie eine vertragliche Vereinbarung vor, eine Realisierung kam jedoch wegen Jakob Fuggers Tod im Jahr 1598 nicht zustande.

In den folgenden Jahren war Holl in Augsburg wieder mit dem Bau mehrerer privater Wohn- und Geschäftshäuser beschäftigt, wie er ausführlich in seiner Chronik berichtet. Als Auftraggeber

Der wohlhabende Augsburger Bürger Hieronymus Harter beauftragte Elias Holl im Jahr 1598 mit dem Bau eines Anwesens bei der Moritzkirche (heute Maximilianstraße 39).

traten wohlhabende Bürger, Kaufleute und auch Handwerker auf. Hervorzuheben sind (weil sie in den Grundzügen erhalten sind) die Anwesen von Caspar Cron (Philippine-Welser-Straße 26) und Hieronymus Harter (Maximilianstraße 39). Beide entstanden 1598.

1599/1600: das Bürgerhaus des Anton Garb

In Elias Holls erster Schaffensphase entstanden mehrstöckige städtische Bürgerhäuser in der Art, wie sie schon sein Vater Hans gebaut hatte. Auf schmalen Grundstücken gruppierte Elias die Räume meist um einen längsrechteckigen Hof, wobei er bestrebt war, gerade – durchlaufende – Mauern zu erhalten. Die Fassaden wurden dabei gern mit Erkern ausgestattet oder mit Sonnenuhren verziert.

Eine Betonung der Mittelachse sowie eine Entwicklung hin zu symmetrischen Anlagen ist im Anwesen des Anton Garb in der Maximilianstraße 79 (heutige Fachakademie für Ernährungs- und Versorgungsmanagement der Stadt Augsburg) zu beobachten, wo sich der Hof mit den Arkaden und Laubengängen an den Abseiten weitgehend erhalten hat. Holl hat an diesem Bau ab 1599 zwei Jahre lang gearbeitet, „das ganze Haus durchaus gewölbt mit

Das Haus des Augsburgers Anton Garb (Maximilianstraße 79, Fassade verändert) errichtete Elias Holl von 1599 bis 1600. Mit dem Bauherrn unternahm er danach eine Reise nach Italien.

schönen Stuben, Kammeren, Kuchen, Thennen und schönen Gängen und die Gäng auf steinerne Pfeiler im Hof herum [gestellt], mit Bögen und schönen Brust-Mäuren, auch gemelte Gäng mit weißer, zierl. Arbeith und Model-Werk [geziert]", wie er berichtet. Erwähnt wird kunstvoller Stuck an Decken und Kaminen im Inneren. Die Fassade wurde im 19. Jahrhundert verändert.

1600: Holls Reise nach Italien

Im Herbst 1600 ergab sich für Elias Holl die Gelegenheit, die zehn Jahre zuvor verpasste Italienreise nachzuholen. Mit dem Bauherrn Anton Garb, Kaufmann und Teilhaber einer großen Handelsgesellschaft, brach er am 18. November nach Bozen auf und reiste fünf Tage später nach Venedig. Offensichtlich war Holl sehr von der venezianischen Architektur beeindruckt, erwähnte allerdings in seinen Aufzeichnungen nur kurz, „wunderliche sachen" gesehen zu haben, ohne einzelne Gebäude oder Details zu nennen. Dazu bemerkte er, dass diese Eindrücke für seine späteren Bauwerke „wol ersprießlich" – also folgenreich – waren. Nicht überliefert sind im Lauf seiner knapp zweimonatigen Reise entstandene Zeichnungen oder Risse Elias Holls.

Arkaden und Laubengänge prägen den Innenhof des von Elias Holl erbauten Hauses von Anton Garb im heutigen Anwesen Maximilianstraße 79.

1601: das Gießhaus

Kurz nach seiner Rückkehr erhielt Elias Holl einen ersten Auftrag vom reichsstädtischen Bauamt. Das Gießhaus hatte im Juli 1601 gebrannt und musste möglichst schnell neu errichtet werden, da es für große Gussarbeiten dringend benötigt wurde. Die städtische Gießerei befand sich seit dem Beginn des 16. Jahrhunderts in der Unteren Stadt zwischen Wertachbrucker- und Klinkertor an der nordwestlichen Stadtgrenze. Schräg gegenüber vom alten Büchsenstadel waren 1501 auf dem Areal zwischen Katzenstadel und Langer Gasse eine erste Schmelzhütte sowie ein städtisches Zeughaus errichtet worden. Produktionsstätte und Lagerhaus für Geschütze lagen so in unmittelbarer Nachbarschaft. Aber auch alle anderen städtischen Gussarbeiten – Glocken, Wasserrohre oder Bildwerke – wurden dort vom Stadtgießer ausgeführt. Nachdem 1510 das erste Haus und 1546 auch ein zweites abgebrannt waren, wurde 1546 wieder ein Gießhaus gebaut. Dieses dritte Haus erlitt 1601 schwere Schäden, weil der Dachstuhl durch die hohe Temperatur der Öfen und durch Funkenschlag Feuer gefangen hatte. Wie Holl in seinen Aufzeichnungen vermerkt, wollte man den Neubau nicht dem betagten Stadtwerkmeister

1601/02 errichtete Elias Holl das neue Gießhaus der Reichsstadt Augsburg am Katzenstadel, einen massigen, eingeschossigen Ziegelbau.

Jakob Eschay übertragen. Stattdessen wandte sich der Baumeister Matthäus Welser an ihn mit der Bitte, einen Entwurf und Kostenvoranschlag für ein solide gewölbtes Gebäude einzureichen.

Holl errichtete in den Jahren 1601/02 einen eingeschossigen, massigen Ziegelbau mit zwei wuchtigen Mittelpfeilern in einer dreijochigen Halle, die von Kreuzgratgewölben geschlossen wird. Zwei Schmelzöfen und eine große Dammgrube wurden hier untergebracht. Im Osten schloss in Jochbreite eine Werkhalle mit fünf schmalen Kreuzgratgewölben an und im zweiten Joch nördlich ein Kanonenbohrturm auf quadratischem Grundriss, in dem die langen Geschützrohre mit einer Bohrstange exakt bearbeitet werden konnten. Dieses Gebäude wurde von einem Satteldach gedeckt. Der Turm besitzt ein Zeltdach mit Laternenaufbau.

Anhand von zwei Originalzeichnungen Holls kann das ursprüngliche Aussehen dieses Komplexes annähernd rekonstruiert werden. Das Gießhaus und der Bohrturm „Am Katzenstadel" (heute: Am Katzenstadel 18a) wurden 1722 stillgelegt, allerdings Anfang des 19. Jahrhunderts vom Königlich Bayerischen Kriegsministerium reaktiviert und gelegentlich zur Herstellung von Geschützrohren und Kanonen genutzt. Im Jahr 1807, als Platz für eine horizontale Bohrmaschine benötigt wurde, verlegte man die Arbeiten in den benachbarten Königsstadel (Am Katzenstadel 6/8), ein ehemaliges Kornhaus der Stadt. Erst im Jahr 1855 wurde die Gießerei aufgegeben und nach Ingolstadt ausgelagert. Nachdem das Holl'sche Gießhaus 1944 schwer beschädigt worden war, wurde es 1969 mit dem Stettenschen Institut renoviert. Seit 1988 beherbergt das Baudenkmal die Schulbibliothek.

Erhalten blieb der Bohrturm, allerdings ohne seine maschinelle Einrichtung. Die ehemalige Gießhalle erhielt ein Pultdach. Heute noch zu erkennen sind eine Holl'sche Fensteranordnung mit zwei hochrechteckigen und einem querovalen Fenster in der Mitte, Teile des Hauptportals (Pilaster mit Bandrustika und Dreiecksgiebel) sowie Strebepfeiler an den Außenmauern.

1602: das Beckenhaus

Ausführlich dokumentiert ist die Planung des Beckenhauses, das Elias Holl Anfang 1602 – noch vor seiner Bestallung als Stadtwerkmeister – für die Stadt erbaute. In einem Vertrag zwischen dem Baumeisteramt und Holl wurde festgelegt, dass dieser das alte Zunfthaus der Bäcker am Perlachberg abbrechen und das Material für den Neubau wiederverwenden solle.

Das Raumprogramm – unter anderem zwei gewölbte Keller, zwei Gewölbe im Brothaus sowie zwei gewölbte Läden – wurde exakt vereinbart, dazu Details der Fassadengestaltung. Holl berichtet in seiner Chronik genau über diese Vorgaben sowie über eine Lohnzulage, die er nach Abschluss der Arbeiten von den zufriedenen Bauherren erhalten habe. Zwei Zeichnungen – ein Grundriss und ein Aufriss der Giebel- und der Längsseite – zeigen, wie sich das lange Gebäude am Perlachberg über einem Quadersockel in drei Stockwerken mit unterschiedlichen Pilastern erheben sollte. In der Bauausführung nahm man gegenüber diesem Entwurf nur geringere Veränderungen vor: Die Pilasterordnung wurde klassisch angepasst. Im zweiten Obergeschoss gab es zunächst offene Loggien, die später geschlossen wurden. In der reichen, aber eher flachen Wandgliederung nahm Holl wohl einerseits Bezug auf die schräg gegenüber stehende Geschlechterstube von 1562, anderer-

Anfang 1602 erbaute Elias Holl für die Reichsstadt Augsburg das Zunfthaus der Bäcker – das Beckenhaus am Perlachberg. Dieses 1944 zerstörte Gebäude ist auf einem englischen Stich von 1823 zwischen dem Neuen Bau und dem Perlachturm zu erkennen.

seits scheinen Anregungen aus der venezianischen Architektur im ersten großen Bau nach seiner Italienreise eingeflossen zu sein. Das wichtige Bauwerk des jungen Holl neben dem Rathaus wurde in Februar 1944 zerstört und ist nur durch Stiche und Fotos dokumentiert.

Die Wallfahrtskirche Maria Hilf in Klosterlechfeld

Zu den ersten Bauaufgaben Elias Holls nach seiner Rückkehr aus Italien zählte auch ein privater Auftrag der Augsburger Patrizierswitwe Regina Imhof. Regina Bimmel (1554 – 1624) und ihr Gatte Raymund Imhof (1548 – 1591; der Handelsherr war seit 1582 Bürgermeister von Augsburg), hatten ab 1589 mit Emanuel Welser verhandelt, der die Hofmark Untermeitingen, ein Lehen des Hochstifts, erwerben wollte. Nachdem Raymund Imhof aber 1591 in Venedig gestorben war, übernahm Regina 1592 den Landsitz südlich von Augsburg. 1602 stiftete sie eine Wallfahrt und plante, östlich von Untermeitingen eine Kapelle zu errichten. Sie wählte Elias Holl als Baumeister, der in seiner Chronik darüber berichtete.

Eine – hier digital nachkolorierte – Fotografie des von Elias Holl erbauten Bäckerzunfthauses zeigt die West- und die Südfassade des Bauwerks um 1870. 1944 wurde das Beckenhaus zerstört und später durch einen schlichten Nachkriegsbau ersetzt.

Wohl auf den Rat eines Sohnes von Regina Imhof, der die italienische Architektur bei einer Reise kennenglernt hatte, sollte ein Zentralbau nach dem Vorbild der Santa Maria ad Martyres, dem Pantheon in Rom, entstehen. Holl, dem Abbildungen des Pantheons durch Architekturbücher von Sebastiano Serlio und Andrea Palladio zugänglich gewesen sein dürften, erstellte für die Marienkirche ein Visier (eine Skizze des Entwurfs) und ein Holzmodell, die jedoch nicht überliefert sind. Holls Bruder Esaias übernahm 1603/04 die Ausführung. Der Rundbau mit seiner gemauerten Kuppel und einer Laterne, im Kern erhalten, war ursprünglich wohl fensterlos.

Seit Mitte des 17. Jahrhunderts ein Langhaus angefügt und später weitere Um- und Anbauten durchgeführt wurden (Fenster und Chorumgang), dient Holls Kapelle als Chor. Von der ursprünglichen Ausstattung sind noch die Altarfiguren des Augsburgers Christoph Murmann d. J. erhalten (Christus als Weltenrichter, Maria und der Erzengel Michael, beide 1604). Holls erster Kirchenbau fand 1603 eine Fortsetzung in den Planungen für die ovale Friedhofskapelle St. Michael in Augsburg. 1610 fertigte er Entwürfe für eine wohl runde Heilig-Grab-Kapelle in Eichstätt.

Elias Holl und seine Fahrt nach Italien: Pflichtprogramm für den Baumeister

Als 17-Jähriger hatte Elias Holl das verlockende Angebot erhalten, Jakob Fuggers Sohn Georg nach Italien zu begleiten. Damals hatte sein fast 80-jähriger Vater Hans Holl die Einwilligung verweigert, was Elias wohl nicht wenig enttäuschte. Der Wunsch, nach Italien zu reisen, wird wohl seinerzeit entstanden und in der Folgezeit verstärkt worden sein. Zehn Jahre später – Elias Holl war inzwischen Meister und baute Wohnhäuser in Augsburg und in der Umgebung – konnte er mit dem Kaufmann Anton Garb seine Fahrt nach Venedig antreten.

Seit sich Albrecht Dürer zu Beginn des 16. Jahrhunderts in Venedig aufgehalten hatte, waren Studienreisen in den Süden für Augsburger Bildhauer, Maler und Kupferstecher immer erstrebenswerter geworden. Der Maler Jörg Breu d. Ä. ging um 1515/16 nach Italien, weitere Künstler der Region folgten. Gegen Ende des Jahrhunderts, zur Zeit Elias Holls, hatten die später auch in Augsburg tätigen Maler Joseph Heintz d. Ä. und Johann Matthias Kager ihre Studienzeit in Italien bereits hinter sich. Johann Rottenhammer hielt sich seinerzeit noch in Venedig auf (1595–1606). Die Brüder Lucas und Wolfgang Kilian begaben sich kurz nach 1600 auf die Reise.

Italienreisen – auch im Interesse der Bauherren

Aber auch für die Baumeister zählte eine Fahrt nach Italien bald zum Pflichtprogramm. Sie wurde meist zwischen der Lehrzeit und einer ersten Anstellung angetreten, häufig im Interesse der Bauherren und deshalb von diesen finanziert. Die jungen Architekten konnten die „welschen" Bauten studieren und zuweilen sogar persönliche Kontakte zu auswärtigen Meistern knüpfen.

Gerade die Auftraggeber in den oberdeutschen Handelsstädten waren an einem solchen Austausch stark interessiert. 1600 schickte die Stadt Nürnberg Jakob Wolff für zwei Jahre auf eine Bildungsreise nach Italien. Der Ulmer Architekt Joseph Furttenbach weilte ab 1605 über zehn Jahre im Süden. Die

Herzöge von Württemberg nahmen Heinrich Schickhardt 1599 auf eine Kavalierstour mit, die sie auch nach Venedig führte.

Die kurze „private" Reise Elias Holls zum Jahreswechsel von 1600/01 fügt sich in diese Reihe ein. Wie er später in seinen Erinnerungen vermerkte, begünstigte diese Tour seine bald darauf erfolgte Berufung in das Amt des Stadtwerkmeisters. Hätte er sich vor dem Antritt der Reise mit seinem künftigen Dienstherrn abgesprochen, wäre sein Aufenthalt in Italien – vielleicht sogar auf Kosten der Stadt – länger ausgefallen.

Drei Generationen zuvor hatten Augsburger Kaufherrn bereits die italienische Renaissance in die Stadt gebracht. Für Mitglieder der Familie Fugger, seit 1473 im Fondaco dei Tedeschi, dem Haus der deutschen Kaufleute in Venedig, vertreten, gehörten Aufenthalte in der Lagunenstadt, Kavaliersreisen nach Italien und ein Studium in Padua zum Bildungsprogramm. Mit der Fuggerkapelle hatte Jakob Fugger „der Reiche" den ersten Renaissancebau im heutigen Bayern errichten lassen. Zwischen 1594 und 1600 amtierte Octavian Secundus Fugger als Stadtpfleger. Markus Welser, sein Nachfolger in diesem Amt, hatte gleichfalls in Padua studiert und zwei Jahre in Venedig verbracht. Als Politiker, Gelehrter und Wissenschaftler beeinflusste dieser Humanist die Geschicke Augsburgs bis 1614.

Venezianische Einflüsse

Welche Folgen die Italienreise, aber auch das Studium der publizierten Architekturwerke auf die Augsburger Bauten von Elias Holl hatte, wurde in der Forschung ausgiebig diskutiert und dabei auf Einflüsse Sebastiano Serlios, Andrea Palladios und anderer verwiesen. Gesichert ist, dass sich Elias Holl in Venedig aufhielt, als die Rialtobrücke von Antonio da Ponte erst wenige Jahre vollendet war (seit 1591) und die Seufzerbrücke soeben von da Pontes Neffen Antonio Contino errichtet wurde (1600 – 1602). Auch der Palazzo delle Prigioni – der Gefängnispalast an der Uferpromenade Riva degli Schiavoni –, an dem beide Architekten mitwirkten, war noch im Bau. Es gab also etliches zu besichtigen für Elias Holl, der in Venedig ohne Zweifel etwas „davon abgesehen und gelernet" hat.

Theorie und Praxis – Lernen von Vorbildern und aus Traktaten

Elias Holls Arbeit als Architekt setzte neben den praktischen Fertigkeiten spezielle theoretische und technische Kenntnisse voraus. Es mussten statische Berechnungen durchgeführt, Konstruktionszeichnungen angefertigt und Berechnungen zu Baukosten, für Material, Arbeit und Transport erstellt werden. In der Baubegutachtung war – ebenso wie in der Feldmesskunst und bei der Geländevermessung – exakte Vermessungstechnik erforderlich.

Holl hatte wohl mathematische und geometrische Grundlagen durch die Schule vermittelt bekommen. Wichtig war vermutlich auch in diesem Bereich die Anleitung durch seinen Vater. Daneben hatte er sicherlich einen Zugang zu bautechnischen Büchern sowie zu neuen architekturtheoretischen Veröffentlichungen, die im 16. Jahrhundert vornehmlich in Italien erschienen waren. Der Bestand der Augsburger Stadtbibliothek bei St. Anna bot bereits eine anspruchsvolle Auswahl. Vielleicht ergab sich darüber hinaus sogar die Möglichkeit, diese Werke im Hause Fugger kennenzulernen.

Architekturbücher Palladios waren Holl bekannt

In der Literatur wird wiederholt darauf hingewiesen, dass Elias Holl Vitruvs „Zehn Bücher über die Architektur" in einer italienischen Ausgabe und Kommentierung (1521, 1556) oder aber in der deutschen Übersetzung – die im Jahr 1548 in Nürnberg erschienen war – kannte. Außerdem lagen ihm vermutlich die Traktate von Sebastiano Serlio über die „Regeln von der Architektur" (Venedig 1537, Übersetzung Antwerpen 1542) im Original oder in einer späteren Übernahme von anderen Autoren vor.

Auch das Säulenbuch von Jacopo Vignola (im Jahr 1562 in Rom herausgegeben) und „Die vier Bücher der Architektur" von Andrea Palladio (1570 in Venedig erschienen) waren Elias Holl bekannt. Eine direkte Rezeption von Vorlagen lässt sich jedoch nur in Details nachweisen.

In Venedig italienische Kollegen kennengelernt

Während seines kurzen Aufenthalts in Venedig 1600/01 hatte Elias Holl Gelegenheit, einige imposante Bauten seiner italienischen Berufskollegen Sansovino und Palladio in ihrem städtebaulichen Kontext und mit all ihren architektonischen Details zu erleben. Auch wenn er sich darüber nur wenig geäußert und keine Skizzen hinterlassen hat, wird ihn diese Begegnung sicherlich nachhaltig beeindruckt haben. Durch Stichwerke konnte er sich darüber hinaus über die römische Baukunst (zu Schöpfungen von Raffael und Bramante) informieren und Anregungen holen.

Wenige Messinstrumente Elias Holls sind erhalten

Von Elias Holl sind lediglich wenige Arbeitsgeräte erhalten. Ein Proportionszirkel aus vergoldetem Messing mit Spitzen aus Eisen wurde 1614 vom Augsburger Kompassmacher Georg Zorn gefertigt. Auch ein Maßstab des Stadtwerkmeisters Elias Holl aus Palisanderholz von 1620 ist noch vorhanden und wird im Augsburger Maximilianmuseum ausgestellt. Mehrere mathematische und mechanische Messgeräte hatte Elias Holl im Jahr 1614 von Paul Welser geerbt. 1651/52 wurden Instrumente (Kompass, Reißzirkel, Wasserwaage und anderes) sowie Bücher aus dem Nachlass des ehemaligen Stadtwerkmeisters an den Herzog von Wolfenbüttel verkauft.

Praxisorientierter Leitfaden für angehende Meister

Im Besitz der Graphischen Sammlungen Augsburg befindet sich das von Holl in den Jahren 1620 bis 1644 niedergelegte „Geometrie- und Messbuch". In diesem Werk fasste er seine praktischen Erfahrungen auf dem Gebiet der Geometrie, der Feldmessung und der Visierkunst zusammen.

Der Text ist mit exakt konstruierten Zeichnungen illustriert. Der Schwerpunkt liegt auf technischen Themen. Unterweisungen in der Perspektive, der Proportionslehre, in Entwurf- und Formfragen wurden weitgehend ausgespart. Elias Holl wollte wohl kein Architekturtraktat liefern, vielmehr einen praxisorientierten Leitfaden für angehende Werkmeister.

Dekorative Aufgaben und bautechnische Fragen

Elias Holls Arbeit als ausführender Architekt war von Anfang an in verschiedenster Weise mit dekorativen Aufgaben verbunden. Er musste Zeichnungen und gelegentlich auch Holzmodelle anfertigen. Als er noch mit seinem Vater zusammenarbeitete, sollten immer wieder Fassaden und Innenhöfe durch Malereien sowie durch Ornamente aus Stuck oder Terrakotta geschmückt werden.

Muschelwerk und Lilien

Ausführlich wird der Erker am Haus von Hanns Mehrer beschrieben, der mit „allerlej bilderen vnd Laubwerck, von gips vnd Hafners-Erden gebrendt" verziert war: Auf historischen Abbildungen sind Porträtbüsten, Medaillons mit Imperatorenköpfen, Löwenmasken und die Fugger'schen Lilien, aber auch Festons und Muschelwerk zu erkennen.

Sonnenuhren und plastisch gestaltete Fassaden

Diamantquader und Rosetten schmückten vor allem die frühen Bauwerke Holls. Auch von Sonnenuhren, die er konstruiert habe, sowie von ornamentaler Malerei ist die Rede. Dazu kamen architektonische Gliederungselemente wie Voluten oder Obelisken, die – bei der Rahmung von Fenstern und Portalen eingesetzt – die Plastizität seiner Fassaden steigerten.

Als Zeichner wird Elias Holl vor allem in einer Reihe von Konstruktionsskizzen, in Geländeplänen und in zahlreichen Rissen fassbar. Neben den Baulichkeiten skizzierte er auch die technischen Einrichtungen von Schmelzhütten, Mühlen und dem Gießhaus. Holl lieferte zudem Wasserleitungspläne, skizzierte den Lauf des Lechs, konstruierte Bögen, Brücken und Gerüste. Er zeichnete architektonische Details und schließlich klassische Grund- und Aufrisse.

Besonders beeindruckend wirken die Fassadenentwürfe von Elias Holls Augsburger Bauten – vom Beckenhaus, Zeughaus, und Siegelhaus, von der Metzg und vom Turm von St. Anna.

In aller Ausführlichkeit sind die Planungsphasen des Rathausneubaus dokumentiert. Diese Zeichnungen werden in den Graphischen Sammlungen Augsburg und im Stadtarchiv Augsburg aufbewahrt.

Skizzen der Reise nach Venedig nicht überliefert

Skizzenbücher, zum Beispiel von Holls Reise nach Venedig, sind dagegen nicht überliefert. Dafür enthält sein Vermessungsbuch für das Baumeisteramt allein schon 53 Zeichnungen von Grundstücken. Auch das „Geometrie- und Messbuch" ist ausführlich mit Zeichnungen illustriert.

Bautechnische Fragen waren für Holl immer von besonderer Dringlichkeit. Theoretische Kenntnisse hierzu konnte er aus Technik- und Maschinenbüchern gewinnen, wie zum Beispiel aus Albrecht Dürers „Vnderweysung der Messung" (1525 in Nürnberg erschienen). Zur Umsetzung waren moderne Techniken und Geräte erforderlich: Bau- und Lastkräne, Winden und Rammen, die in zeitgenössischen Modellen anschaulich werden. Im Zusammenhang mit dem Neubau des Rathauses beschäftigte sich Holl intensiv mit Gerüstkonstruktionen. Zur Aufstockung des Perlachturms, der die Glocken des alten Rathauses übernehmen musste, errichtete er ein freitragendes Gerüst, das in einem 1614/15 datierten Holzmodell erhalten ist.

Mehrere Modelle für den Neubau des Rathauses

Reine Architekturmodelle, in Italien entwickelt und dort als Erinnerungs- oder prächtige Schaustücke verstanden, waren seit dem frühen 16. Jahrhundert auch in Süddeutschland bekannt. Das in einzelne Geschosse zerlegbare Modell des alten gotischen Augsburger Rathauses von 1515/16 dürfte zu den frühesten Beispielen zählen.

Als Elias Holl den Bau des neuen Renaissancerathauses plante, entstanden mehrere aus Holz gefertigte Modelle. Diese Modelle lassen die Entwicklungsschritte von einem noch an die mittelalterlichen Formen anschließenden Dreigiebelentwurf hin zum modernen Mittelgiebelbau erkennen. Holls Modelle zählen zu den beeindruckendsten und schönsten Zeugnissen jener Zeit.

Stadtwerkmeister Elias Holl und seine große Zeit

Im Amt als Stadtwerkmeister der Reichsstadt Augsburg hat Elias Holl das Bild seiner Heimatstadt maßgeblich mitgestaltet. Augsburg wurde in seiner Amtszeit aufgrund stadtbildprägender Neubauten zu einer Stadt der Renaissance. Holls monumentales Meisterwerk ist der von ihm geplante und bis zum Jahr 1620 fertiggestellte Bau des Rathauses.

Ein Augsburger Vogelschauplan von 1602 zeigt die Situation westlich der Fuggerhäuser noch ohne das neue Zeughaus.

Der stadtbildprägende Baumeister im Zeitalter der Renaissance

1602 wurde Elias Holl Augsburger Stadtwerkmeister – mit dem Zeughaus begann eine Reihe repräsentativer Bauwerke

Die beachtliche Zahl stattlicher Privatbauten, die Studienreise nach Italien und der Einsatz bei ersten öffentlichen Aufträgen bezeugten die theoretischen und praktischen Fähigkeiten des jungen Elias Holl. Dies führte dazu, dass er auf Vermittlung des Augsburger Baumeisters Matthäus Welser am 8. Juli 1602 mit 29 Jahren in das Amt des Stadtwerkmeisters berufen wurde. Fast 33 Jahre lang sollte Holl – abgesehen von der Unterbrechung in den Kriegsjahren 1631/32 – in städtischen Diensten bleiben.

Das Stadtwerkmeisteramt unterstand neben anderen Abteilungen dem Baumeisteramt, einer der einflussreichsten und mächtigsten Behörden innerhalb des städtischen Ämtergefüges, die sogar mit eigenem Haushalt arbeitete. Das Baumeisteramt wurde vom Kleinen Rat besetzt. Zwei Patrizier und ein sogenannter Mehrer, ein Vertreter der reichen Kaufherren, leiteten dieses Amt. Sie waren die unmittelbaren Dienstherren des Stadtwerkmeisters.

Vielfältige Aufgaben eines Stadtwerkmeisters

Zu den Aufgaben eines Stadtwerkmeisters, dem ein Bauwart und ein Bauschreiber als Verwaltungsleiter zur Seite gestellt waren, gehörten Grundstücksvermessungen und Baubegutachtungen, das Anfertigen von Plänen und Kostenvoranschlägen, der Abschluss von Verträgen, die Beschaffung und Verwaltung der Materialien sowie die Leitung und Beaufsichtigung aktueller Bauvorhaben. Als Angestellter der Reichsstadt führte der Stadtwerkmeister die öffentlichen Bauarbeiten in eigener Regie (sowohl die Planung als auch die Finanzierung) aus, wozu er Unterverträge mit anderen Handwerkern schließen konnte. Diese verantwortungsvolle Stellung beinhaltete deutlich öfter die anspruchsvollen Aufgaben eines Architekten oder Ingenieurs als die eines herkömmlichen Maurers und genoss entsprechendes Ansehen.

Holl war der Nachfolger von Jakob Eschay (gestorben 1606), der das Amt des Stadtwerkmeisters neun Jahre lang innehatte. Eschay war ein angesehener Maurermeister, der von 1578 bis 1582 im Auftrag Hans Fuggers das Schloss in Kirchheim erbaut hatte. Seit 1598 war er mit dem Bau des städtischen Zeughauses befasst gewesen. Weil bei der Durchführung einige Probleme auftraten, bat Eschay – auch aus Altersgründen – um seine Entlassung aus den Diensten der Reichsstadt.

Elias Holl wurde zurate gezogen. Schließlich bot ihm Matthäus Welser die Übernahme des Amtes an, zu den gleichen Bedingungen, die für Eschay galten. Sich seines Könnens wohl bewusst, gelang es Holl, über eine zusätzlichen Vergütung durch Naturalien ein etwas besseres Gehalt auszuhandeln. Elias Holls Grundgehalt war damit etwa viermal so hoch wie das eines Maurermeisters, dazu kamen Einkünfte durch auswärtige Aufträge. In den folgenden Jahren und mit wachsenden Aufgaben wurden ihm weitere Gehaltserhöhungen zugebilligt, sodass Holl im Laufe seines Lebens ein beträchtliches Vermögen erwerben konnte.

1602 bis 1607: das neue Zeughaus

Die erste große Aufgabe, die Elias Holl in seiner neuen Position erwartete, war die Fertigstellung des Zeughauses, die sich bis

An das 1505 errichtete große Kornhaus wurde ab dem Jahr 1602 der neue Flügel des Zeughauses im rechten Winkel angebaut.

1607 hinzog (Zeuggasse 6). Es folgten der Neubau des reichsstädtischen Siegelhauses (am ehemaligen Weinmarkt, der heutigen Maximilianstraße, 1809 abgebrochen) in der Zeit von 1604 bis 1606 sowie – von 1606 bis 1609 – die Planung und der Bau des neuen Zunfthauses der Metzger, die Stadtmetzg (Metzgplatz 1).

Seit dem 15. Jahrhundert wurden die Waffen und Rüstungsgüter der Stadt am nordwestlichen Stadtrand vor der „Judenbastion" verwahrt. Es handelte sich um ein dreieckiges Areal, das von Werkstätten und Lagerhäusern umgeben war und zunächst als „Büchsenstadel", später als „Katzenstadel" bezeichnet wurde (erstes Zeughaus). Dieser Begriff lässt sich entweder von der Bezeichnung für schwere Geschütze als „Katzen" oder für hohe Erdwälle vor Bastionen ableiten. 1501 baute man schräg gegenüber ein neues Gießhaus sowie ein weiteres Lagergebäude für Geschütze (zweites Zeughaus).

Schon Mitte des Jahrhunderts wurden Teile des Depots in die Stadtmitte verlegt, wo bereits kleinere Lager im Rathaus und in der Pfaffengasse (heutige Zeuggasse) bestanden. Ab 1584/85 wurde auch das 1505 errichtete große Kornhaus in der Pfaffengasse zunehmend als Lager für Waffen und Munition genutzt.

Über dem Portal des Zeughauses thront Hans Reichles mächtige aus Bronze gegossene Figurengruppe eines Höllensturzes.

Die Absicht, verstärkt militärische Präsenz mitten in der Stadt zu zeigen, war durch die politischen Unruhen gefördert worden, die eine Folge des Glaubensstreits in der gemischt-konfessionellen Stadt waren. Die Mehrheit der Bevölkerung glaubte evangelisch, die Stadtspitze hielt am alten Glauben fest. Konflikte waren vorprogrammiert. 1598 entschloss sich der Rat der Stadt, die bereits genutzte Fläche im Kornhaus – im Areal hinter St. Moritz, das sich großteils im Besitz der Fugger befand – durch den Anbau eines neuen Zeughauses zu erweitern.

Auf Holls Vorgänger Jakob Eschay geht wohl der Plan zurück, an das bestehende Gebäude im rechten Winkel einen Riegel anzufügen. Um 1600 wurde folglich das benachbarte Mang-Haus (ein Bau, in dem die Glättmaschine der Färber stand) abgebrochen, um so Platz für den Neubau zu schaffen, der kurz darauf – 1602 – in Angriff genommen wurde.

Probleme während der Bauarbeiten führten jedoch dazu, dass Elias Holl 1602 zur Begutachtung herangezogen worden war und Mängel in der Konstruktion feststellte. Der künftige Stadtwerkmeister sollte einen Alternativentwurf ausarbeiten, fehlerhafte Bauteile entfernen und bald darauf die Bauleitung übernehmen.

Toskanische Säulen tragen das Kreuzgratgewölbe in der Säulenhalle des Zeughauses, heute Standort einer Römerausstellung.

Holl vollendete bis zum Jahr 1607 die zweiflügelige Anlage mit einem rechteckigen Treppenturm an der Gelenkstelle, mit hohen Giebeldächern und einer Mauer um den Hof. Wie dem Grundriss zu entnehmen ist, setzte Holl den neuen Bau nicht an das alte Kornhaus an, sondern „schob" ihn leicht schräg in dieses hinein. Der hintere Teil des Kornhauses musste dazu entkernt werden. Er bildete die bautechnisch schwierige Gelenkstelle. Erhalten blieben im nord-südlichen Altbau sechs Fensterachsen mit einer dreischiffigen, pfeilergestützten Halle im Erdgeschoss. Der zehnachsige ost-westlich ausgerichtete Neubau beherbergt im Erdgeschoss ebenfalls eine dreischiffige Halle, deren Kreuzgratgewölbe von den relativ schlanken toskanischen Säulen getragen wird. In beiden Flügeln dienten jeweils zwei Ober- und vier Dachgeschosse als großflächige Lagerräume.

Elias Holl hatte bei dem Projekt mehrere handwerkliche und künstlerische Mitarbeiter. Die Steinmetzarbeiten, Konsolen mit Gesichtern und Masken, wurden von Lienhard Kreutzer ausgeführt. Für die Gestaltung der imposanten Fassade war Joseph Heintz verantwortlich, von dem eine Zeichnung erhalten ist. Ein zweiter, wohl später entstandener Fassadenriss wird Elias Holl zugeschrieben. Bemerkenswert sind die plastische Gliederung

1609 war der von Elias Holl geplante Neubau der Metzg östlich des Augsburger Rathauses abgeschlossen.

durch Pilaster und Voluten, die differenzierten Fensterrahmungen und das akzentuierte Portal, über dem eine gewaltige Figurengruppe thront: der Erzengel Michael im Kampf gegen den Satan, ein Werk des Bildhauers Hans Reichle. Angefertigt wurde es durch den Augsburger Gießer Wolfgang Neidhart. Diese 1607 installierte Figurengruppe mit dem Motiv des Höllensturzes darf als durchaus ernst gemeinte Drohgebärde der katholischen Ratsmajorität gegenüber der evangelischen Bevölkerungsmehrheit gesehen werden. Das Augsburger Zeughaus erfüllte mit seiner eleganten Halle und der anspruchsvoll gestalteten Fassade neben allen funktionalen auch die besonderen ästhetischen Anforderungen eines repräsentativen städtischen Gebäudes. Bis Ende des 19. Jahrhunderts wurde es als militärisches Depot benutzt, 1899 zog die städtische Hauptfeuerwache ein. Nach einer umfassenden Sanierung 1975 dient es seit 1980 als Bildungs- und Begegnungszentrum der Stadt Augsburg mit vielfältiger kultureller Nutzung.

1606 bis 1609: die Augsburger Stadtmetzg

Die alte Stadtmetzg – Markthalle und Zunfthaus der Metzger – befand sich seit dem 14. Jahrhundert an zentraler Stelle am nördlichen Perlachplatz. Seit Beginn der 1590er Jahre dachte man an

Im Erdgeschoss der Metzg befand sich eine Verkaufshalle der Augsburger Metzgerzunft.

eine Verlegung dieses zuletzt 1575 durch Hans Holl renovierten Gebäudes, weil es den Ansprüchen der Metzger nicht mehr genügte – aber wohl auch, weil der Platz vor dem Rathaus nun anspruchsvoller gestaltet werden sollte. 1594 war hier, auf dem damaligen Eiermarkt, der Augustusbrunnen aufgestellt worden. 1598 konnte schließlich ein Baugrund für die neue Metzg am Fuß des Perlachbergs im Handwerkerviertel erworben werden. Die Obere Metzg wurde 1612 abgerissen.

Seit 1605 war Holl als Stadtwerkmeister mit dem Neubau befasst, beauftragt von den drei Baumeistern Matthäus Welser, Bernhard Rehlinger und Wolfgang Paller. Holl hatte einen Riss und mehrere Werkszeichnungen geliefert, bevor 1606 mit der Ausführung der Unteren Metzg begonnen wurde. 1609 war der Bau vollendet.

Das Gebäude, ein dreigeschossiger Satteldachbau mit Schauseite nach Süden, entstand über einem damals offen fließenden Lechkanal, der zur Kühlung der Fleischkeller sowie zur Entsorgung von Blut und Abfällen genutzt wurde. Die Fundamente mussten deshalb tief in das Grundwasser reichen, das Bachbett begradigt und verschalt sowie Kellerräume geschaffen werden: Es war eine bautechnische Leistung, die Holl mit gewissem Stolz in der Chronik beschrieb. Im Erdgeschoss, zu dem sechs Stufen hochführen, lag eine Verkaufshalle mit 126 Metzgerbänken. In den oberen Stockwerken waren Zunft- und Amtsstuben sowie diverse Wohnungen untergebracht. Die Metzger zeigten sich sehr zufrieden mit dem funktionalen und schönen Neubau.

Am Entwurf der Fassade mit ihren sechs Achsen und unterschiedlichen Fenstergiebeln waren wieder die Malerkollegen Joseph Heintz und Matthias Kager beteiligt. Das lässt ein Halbseitenriss erkennen. Die Fassade schmücken zwei mit Rinderschädeln verzierte mächtige Portale: Sie zeigen die Nutzung des Bauwerks an. Rustizierte Ecken und Voluten in der Form von Fledermausflügeln befinden sich am Giebel. Ein von Hans Reichle 1609 entworfenes und von Wolfgang Neidhart 1610 gegossenes Stadtwappen betont in der Mittelachse des Gebäudes die Oberhoheit der Stadt Augsburg.

Einst ein stattliches Versorgungsgebäude, dominiert die Metzg noch heute den kleinen Platz unterhalb des Rathauses. 1634 hatte ein Brand Teile des Hauses zerstört. Seit 1712 waren in den oberen Stockwerken die Reichsstädtische Kunstakademie und nachfolgende Kunstschulen untergebracht (1906 Umzug in die

Steinerne Rinderschädel zeigen an den beiden Portalen an der Südfassade der Metzg die Funktion des mächtigen Renaissancebauwerks als Verkaufshalle der Metzger.

Ein Gemälde Matthäus Gundelachs im nordwestlichen Fürstenzimmer des Rathauses zeigt das 1809 abgerissene Siegelhaus am Weinmarkt (im Hintergrund der Turm von St. Ulrich und Afra).

Hallschule). 1930 zogen die Metzger in den Stadtmarkt. Das Innere wurde 1938/39 verändert und nach Norden ausgebaut. Seitdem wird die Metzg als städtisches Verwaltungsgebäude genutzt. Die Stadtmetzg mit dem darunterliegenden trockengelegten Kanalbett ist seit 2019 als Denkmal der historischen Wasserwirtschaft ein Objekt des Augsburger UNESCO-Welterbes.

1604: Elias Holl errichtet das neue Siegelhaus

Eine weitere große Bauaufgabe erwartete Holl kurz nach seinem Amtsantritt als Stadtwerkmeister. Seit 1592 war das Dach des alten Siegelhauses am Weinmarkt (die heutige Maximilianstraße), in dem Wein vor dem Verkauf gelagert und mit einer Art Steuermarke versehen wurde, undicht. 1604 galt das ganze Gebäude als baufällig. Die Stadt entschloss sich zum Neubau.

Wie beim Zeughaus waren auch hier Vertreter der Stadt und verschiedene Künstler an der Planung und Ausführung beteiligt. Ein Aufriss der Fassade, wohl von Elias Holl, geht wiederum auf Joseph Heintz zurück, der nun in Kolossalordnungen jeweils zwei Stockwerke zusammenfasste, segmentförmige Sprenggiebel über die Fenster und weit ausladende Voluten in den Giebel setzte. Von Holl ist ferner die Werkzeichnung einer ionischen Säulen- oder Pilasterbasis als Arbeitsvorlage für den Steinmetz Lienhard Kreutzer erhalten.

In der Balustrade des Balkons über dem Hauptportal war ein römisches Kalksteinrelief integriert: Es zeigte das Verladen von Weinfässern. Der antike Stein – von Markus Welser als Schmuck des Siegelhauses als Hinweis auf die römische Vergangenheit der Reichsstadt sowie auf die Funktion des Weinstadels gewünscht – war von Elias Holl aus der Kanalwandung des Hinteren Lechs geborgen worden. Dieser Lechkanal verlief unter der Barfüßerkirche. Um den Stein aus der Wand herauszulösen, musste Holl – wie er in der Chronik berichtet – in einer aufwendigen Aktion tragende Pfeiler des Kirchenschiffs abstützen. Das Relief fehlt bereits auf Abbildungen aus dem 17. Jahrhundert. Es gilt als verschollen.

Joseph Heintz hatte als Krönung des Giebels einen Stadtpyr vorgesehen, jenen Pinienzapfen, der zur Wappenzier der Stadt gehört. Abweichend vom Entwurf wurde schließlich ein Bronzeadler Hans Reichles installiert, den Wolfgang Neidhart gegossen und Ludwig Huebener vergoldet hatte. Der mächtige Vogel mit halb geöffneten Flügeln, der sich mit den Krallen auf einer Kugel hält, kann als Symbol der Wachsamkeit und reichsstädtischer Stärke verstanden werden. Dieser Reichsadler steht heute im Viermetzhof des Maximilianmuseums Augsburg.

Elias Holl – für die Ausführung des Bauwerks verantwortlich – beschreibt die zweckmäßige Einrichtung des Inneren in seiner Chronik. Im Erdgeschoss befand sich ein Gewölbe für den Amtsschreiber, im ersten Stock eine große Stube. Das Gebäude, das mit dem 1602 aufgestellten Herkulesbrunnen und dem 1611 erbauten Reichsstädtischen Kaufhaus an der Heilig-Grab-Gasse ein städtebauliches Ensemble in der oberen Maximilianstraße bildete, wurde am Ende des 18. Jahrhunderts als störend empfunden. Zunächst plante man seine Versetzung auf das Gelände des alten Getreidestadels beim Heilig Kreuzer Tor. Nach langen Diskussionen im Magistrat wurde das Siegelhaus 1809 abgerissen, um damit freie Sicht auf die beiden Ulrichskirchen am Ende der Maximilianstraße zu schaffen.

Hans Reichle entwarf den Bronzeadler für das 1604 von Elias Holl erbaute Siegelhaus auf dem Weinmarkt. Dieses Hauptwerk des etliche Jahre in Augsburg tätigen Bildhauers ist heute im Viermetzhof des Maximilianmuseums zu besichtigen.

Holls Kollegen – große Kunst

Holls Arbeit als Stadtwerkmeister und Architekt in Augsburg war ein wesentlicher Beitrag zur Stadterneuerung um und nach 1600. Viele weitere Berater, Handwerker und Künstler waren planend und gestaltend mit ihm am Werk. Bei ihren gemeinsamen Projekten lassen sich die einzelnen Leistungen oft nicht mehr genau zuordnen.

Stadtgießer und Verwandter: Wolfgang Neidhart

Im Gießhaus am Katzenstadel, das 1601 abgebrannt war und durch einen Neubau von Elias Holl ersetzt werden musste, wurden alle Gießarbeiten der Stadt ausgeführt – Glocken und Geschütze (bis 1620), aber auch kunstvolle Bronzebildwerke. Als Leiter der städtischen Gießhütte war Wolfgang Neidhart (1575–1632) – er war zwei Jahre jünger als Holl – ab 1597 für alle Metallarbeiten zuständig. Der von Hubert Gerhard (ein Schüler Giovanni da Bolognas) modellierte Augustusbrunnen war von 1590 bis 1593 noch von Neidharts Vorgänger Peter

Wagner gegossen worden. Neidhart war für den Guss der Monumentalbronzen des Merkurbrunnens (1599) und des Herkulesbrunnens (1602) verantwortlich. Beide Brunnen entstanden nach Entwürfen von Adriaen de Vries. Auch er hatte zuvor in Italien mit dem Bildhauer Giovanni da Bologna zusammengearbeitet.

Elias Holl und Wolfgang Neidhart arbeiteten zusammen, als es 1607 um die Aufstellung der Michaelsgruppe an der Fassade des Zeughauses ging. Die Gruppe zeigt den Erzengel Michael, der den gefallenen Engel Luzifer, also den Teufel, zur Hölle schickt. Elias Holl beaufsichtigte als Architekt den Transport und die komplizierte Anbringung der von dem Bildhauer Hans Reichle modellierten monumentalen Figurenkomposition an der Zeughausfassade. Der Stadtgießer und der Stadtwerkmeister begegneten sich erneut bei Arbeiten am Rathaus. Dort wurde 1619 der Reichsadler im Giebelfeld montiert und 1620 ein Bronzegitter (von Murmann d. J.) über dem Portal eingesetzt. Wolfgang Neidhart führte von 1620 bis 1626 auch den Guss der Kaiserbüsten im Unteren Fletz und in den beiden Treppenhäusern durch. Fünf neue Glocken für die Kirche in Oberhausen (1619) waren wohl ebenfalls aus dem städtischen Gießhaus gekommen. Die beiden Meister verbanden neben den beruflichen auch familiäre Beziehungen. Maria Burkart – Elias Holls erste Frau – und die Ehefrau Wolfgang Neidharts waren Schwestern. Als Neidharts Frau 1627 verstarb, erbte Holls Tochter Rosina von ihrer Tante ein beachtliches Vermögen.

Der Kunstschreiner Wendel Dietrich

Ein weiterer heimischer Künstler, mit dem Holl in Augsburg zusammenarbeitete, war der wesentlich ältere Schreiner-Architekt Wendel Dietrich (um 1535 – 1622), der auch für die Fugger in Kirchheim und in der Benediktuskapelle in St. Ulrich und Afra tätig war. Dietrich arbeitete zudem am Hof Herzog Wilhelms V. in München. Er wirkte dort auch am Neubau der Jesuitenkirche mit. Den Augsburger Kunstschreiner hat sogar König Philipp II. von Spanien beauftragt. Für das von Hans und Elias Holl erbaute Schloss der Rehlinger im heutigen Augsburger Stadtteil Inningen lieferte Dietrich wohl Pläne.

Im Oberlichtgitter des Hauptportals des Augsburger Rathauses halten Greifen das Wappenbild der Stadt. Christoph Murmann d. J. schuf das Modell, der Bronzegießer war Wolfgang Neidhart.

Der Bildhauer Christoph Murmann d. J.

Der Bildhauer Christoph Murmann d. J. (1564/65 – 1630), bei seinem Vater Christoph Murmann d. Ä. ausgebildet, war seit 1587 Meister. Er schuf nach Entwürfen von Heintz den Prunkkamin der Eingangshalle von Schloss Haunsheim (1605) und das Epitaph für Zacharias Geizkofler in der dortigen Kirche (1607). 1610 führte er den Pfeiler mit dem Stadtpyr aus, den Holl aufstellte. Später lieferte er Modelle für den Reichsadler im Rathausgiebel und für das bronzene Oberlichtgitter am Hauptportal. Der Gießer war erneut Wolfgang Neidhart. Zudem fertigte Christoph Murmann d. J. die (in der „Augsburger Bombennacht" im Februar 1944 zerstörte) Michaelsskulptur im Perlachturm, den Vorläufer des späteren „Turamichele".

Der Steinmetz Lienhard Kreutzer

Der Münchener Lienhard Kreutzer (um 1560–1616/17), seit 1580 in Augsburg ansässig, war dort ab 1593 als Stadtsteinmetz angestellt. Kreutzer arbeitete an allen drei Monumentalbrunnen mit. Nach einer Werkszeichnung von Holl fertigte er Säulen

Die Michaelsgruppe über dem Portal des Holl'schen Zeughauses schuf der Bildhauer Hans Reichle – Augsburgs letzte monumentale Figurengruppe im Stil des Manierismus.

für das Siegelhaus und 1615 zehn Pfeiler für den Perlachturm. Auch die Säulen und die 26 Konsolen mit Gesichtern, Masken, Tier- und Pflanzenmotiven in der Säulenhalle des Zeughauses stammen aus Kreutzers Werkstatt. Einer dieser Maskarons zeigt dort mutmaßlich – mit einem humoristisch stilisierten Porträt – den Stadtwerkmeister Elias Holl.

Der Bildhauer Hans Reichle

Auch der Schongauer Hans Reichle (um 1570–1642) hatte bei Giambologna in Florenz gelernt. Danach war er in Brixen für die Habsburger tätig gewesen. Von 1602 bis 1607 arbeitete Hans Reichle in Augsburg. Sein Hauptwerk ist die Figurengruppe an der Fassade des Zeughauses: der Erzengel Michael im Kampf mit Luzifer. Reichle entwarf auch den im Sprenggiebel des Siegelhauses aufgestellten, ehemals vergoldeten Adler (1606), ein Stadtwappen für die Metzg und eine Marienfigur für das Wertachbrucker Tor – alle Arbeiten von Neidhart in Bronze gegossen. Auch die Kreuzigungsgruppe in St. Ulrich und Afra ist ein Werk Hans Reichles. Dieses Werk wurde ebenfalls von Wolfgang Neidhart nach seinem Modell gegossen.

Die Reichsstadt Augsburg und die Kirchen entschlossen sich nach 1600 zu zahlreichen Bauvorhaben. Elias Holl erbaute bis 1615 das Gymnasium bei St. Anna.

Stadtplanung oder Bauen nach Bedarf?

Die Jahrzehnte, in denen Elias Holl in Augsburg als Bauhandwerker und Architekt tätig war, zeigen sich im Rückblick als Zeit der großen Stadterneuerung. Das bislang mittelalterliche Stadtbild wurde nach und nach modernisiert. Wichtige, teils bis heute stadtbildprägende Baumaßnahmen wurden in Angriff genommen.

Bauen als Maßnahme gegen wachsendes Elend

Die Steigerung der Bevölkerungszahlen im 16. Jahrhundert (von rund 22 000 Einwohnern im Jahr 1512 auf circa 45 000 Einwohner im Jahr 1600) führte einerseits – nicht zuletzt aufgrund der in Augsburg extrem ungleichen Vermögensverteilung mit knapp 90 Prozent armen oder stets von Armut bedrohten Menschen – hinter den Augsburger Stadtmauern zu drangvoller Enge. Andererseits konnten vor allem die reichen Kaufleute und Patrizier ihren Wohlstand durch große Häuser und Schlösser außerhalb der Stadtmauern demonstrieren. Der Ausbau und Neubau von Privathäusern ging voran. Auch der

Elias Holl gestaltete auch den Turm der benachbarten Kirche St. Anna um.

Handel und das Gewerbe suchten neue Baulichkeiten für ihre Geschäfte und Werkstätten. Viele öffentliche Versorgungseinrichtungen wie Lagerhäuser und Wassertürme wurden notwendig. Auch die Kirchen machten sich an neue Bauprojekte. Teilweise spornte das konfessionelle Konkurrenzdenken zu ambitionierten Bauvorhaben an.

Um die trotz allem vorhandene Arbeitslosigkeit und das Elend der Handwerker zu bekämpfen, entschloss sich der Rat der Reichsstadt Augsburg dazu, vermehrt öffentliche Baumaßnahmen zu finanzieren. Dies war möglich, da die Schulden- und Zinsbelastung der Stadt etwas gesunken war.

Keine Hinweise auf ein städtebauliches Konzept

Es wird immer wieder diskutiert, ob so etwas wie ein Städtebauprogramm existierte. Doch einen Beleg für ein urbanistisches Gesamtkonzept findet man weder in den städtischen Unterlagen noch in der Hinterlassenschaft von Elias Holl. Wie vielfach erörtert und plausibel dargelegt, kann ein intensiver Austausch des Rats mit Humanisten wie Markus Welser vermutet werden. Mit Sicherheit hatte die Errichtung der drei

Holls Weinsiegelhaus beim Herkulesbrunnen auf dem Weinmarkt: Auf dem Fassadengiebel saß Hans Reichles bronzener Reichsadler.

Augsburger Monumentalbrunnen zusätzliche städtebauliche Veränderungen zur Folge. Denkmäler wurden aufgestellt und verschiedene Plätze und Straßenräume umgestaltet. Dabei lässt sich jedoch kein übergreifendes Programm nachweisen.

Offensichtlich wird aber die Konzentration repräsentativer öffentlicher Gebäude um die drei figurenreichen Brunnen von Hubert Gerhard und Adriaen de Vries. Darüber hinaus erfuhren etliche Türme der Stadt eine Aufwertung, sie wurden erneuert oder erhöht. Man darf in derartigen Bauaktivitäten neben der sozialpolitischen Notwendigkeit also wohl auch einen Akt der politischen Demonstration sehen, mit dem sich das Selbstbewusstsein der Reichsstadt Augsburg prachtvoll entfalten und zur Schau stellen sollte.

Elias Holl war als Stadtwerkmeister entscheidend an der Umgestaltung des Stadtbilds beteiligt. Viele seiner Bauwerke entstanden an städtebaulich markanten Plätzen: Am Weinmarkt setzte das Siegelhaus gleich neben dem Herkulesbrunnen Akzente. Dazu kam der Neubau des Reichsstädtischen Kaufhauses im Jahr 1611 entlang der Heilig-Grab-Gasse (heute

Das Relief eines in die Ostfassade des Holl'schen Rathauses eingelassenen Stadtwappens stammt vom gotischen Vorgängerbau.

Maximilianstraße 67, im 18. Jahrhundert Umbau, 1963/68 saniert). Mit dem Zeughaus wurde bis 1607 der Bereich bei St. Moritz architektonisch aufgewertet und mit dem Abbruch des Tanzhauses 1632 der Straßenraum um den Merkurbrunnen geöffnet.

Gestaltung von Stadträumen

Schließlich wurde auch der Platz vor dem Rathaus und dem Perlachturm mit dem Augustusbrunnen repräsentativ ausgestaltet. Nach dem Zunfthaus der Bäcker am Perlachberg (dem Beckenhaus von 1607) plante und errichtete Elias Holl an der Stelle der abgerissenen Oberen Metzg den Neuen Bau (1614). Er erhöhte den Perlachturm und begann 1610 mit seinen Planungen für den Rathausneubau, den er von 1615 bis 1620 realisierte.

Am Fuß des Perlachbergs entstand mit der Metzg unweit der Barfüßerkirche und der Barfüßerbrücke ein neuer zentraler Stadtraum. Bei der Kirche St. Anna bekam die bedeutendste protestantische Bildungsstätte, das Gymnasium bei St. Anna, ein neues Gebäude (1613 bis 1615).

Ein Vogelschauplan von Hans Rogel zeigte 1563 das später abgebrochene gotische Rathaus und den ebenfalls im gotischen Stil errichteten Perlachturm.

Vom Kaufhaus bis zum Rathaus: Elias Holl prägt die Renaissancestadt

Das monumentale Augsburger Renaissancerathaus wurde das Meisterwerk des Stadtwerkmeisters Elias Holl

In den Jahren zwischen 1607 und 1622 entstanden die meisten der bis heute stadtbildprägenden Bauten des Stadtwerkmeisters Elias Holl. Der Höhepunkt dieser Entwicklung sollte schließlich der Neubau des Augsburger Rathauses werden.

Ab 1607: der Neue Bau

Nachdem mit dem Bau der Unteren Metzg begonnen worden war, machte sich die Reichsstadt Gedanken über die neue Nutzung des Areals der ehemaligen Metzg am Perlachplatz. 1607 entstand auf Veranlassung von Joseph Heintz oder Johann Matthias Kager ein kunstvoll gearbeitetes Holzmodell mit einer Dachstuhlkonstruktion nach Plänen Elias Holls für einen an dieser Stelle projektierten Neubau. Dieses erste Loggia-Modell zeigt ein repräsentatives Gebäude mit offenen Bogen- und Säulenstellungen in den beiden

Bis 1614 errichtete Elias Holl nach einem Entwurf von Johann Matthias Kager den Neuen Bau beim Rathaus.

Stockwerken, wie sie in der Architektur Palladios vorkommen. Diese Planung wurde aber als zu aufwendig und teuer verworfen. 1609 wurde – vermutlich nach Ideen von Heintz – noch ein zweites Modell gefertigt. Die Formensprache war etwas zurückhaltender, mit offenen Arkaden nur im Erdgeschoss und einer eher horizontalen Ausrichtung nach venezianischem Vorbild. Da 1611 eine Zahlung vom Rat an Kager erging, liegt die Vermutung nahe, dass dieser die weiteren Vorarbeiten nach dem Tod von Heintz übernahm, der 1609 in Prag gestorben war. Auch eine spätere Zeichnung der fertigen Fassade wird Kager zugeschrieben. Nach dem Abriss des alten Gebäudes im Jahr 1612 begann Elias Holl 1613 mit der Ausführung den Neuen Baus. Im unteren Teil des sechsachsigen Gebäudes wurden statt eines Festsaals nun „Kramläden" aus dem Rathaus untergebracht, das im Gegenzug die Repräsentationsräume aufnehmen sollte. In den rustizierten Rundbogenarkaden öffneten sich die Fenster und Türen zwischen dorischen Pilastern, im Obergeschoss Fenster mit Dreiecksgiebeln zwischen ionischen Pilastern. Elias Holl realisierte den Bau wohl mit einem von ihm konstruierten Dachstuhl.

Nach den Umbauten im 18. und 19. Jahrhundert sowie den Zerstörungen von 1944 wurde das Gebäude weitgehend nach

Ab 1611 arbeitete Holl am Reichsstädtischen Kaufhaus. Für diesen Neubau wurde die mittelalterliche Heilig-Grab-Kapelle abgebrochen.

alten Vorlagen wiederhergestellt: Dieses stattliche Geschäftshaus prägt bis heute die Nordseite des Rathausplatzes.

Ab 1611: das Reichsstädtische Kaufhaus

Die mittelalterliche, 1128 geweihte Heilig-Grab-Kapelle war ein Rundbau, der weit in die gleichnamige Gasse hineinreichte. Er zeigte spätestens seit Anfang des 17. Jahrhunderts deutliche Bauschäden. 1604 erstellte Elias Holl ein Gutachten und sprach die Empfehlung aus, die ruinöse Kapelle abzureißen. Ab 1608 wurden Vorbereitungen für eine Umgestaltung getroffen. Der Baugrund wurde vom Domkapitel erworben.

Vier Häuser und die Kapelle wurden schließlich abgetragen, um die stark frequentierte Gasse zum Weinmarkt (heutige Maximilianstraße) zu erweitern. So wurde der Platz für den Bau des Reichsstädtischen Kaufhauses gewonnen, in dem mehrere Läden untergebracht werden konnten. Elias Holl, der zuvor eine Bauaufnahme der Rotunde angefertigt hatte, plante 1611/12 entlang der leicht abschüssigen Gasse ein langgestrecktes Gebäude mit einheitlicher Südfassade. Bei der Ausführung wurde ein „italienischer" Fassa-

Das Gymnasium bei St. Anna gilt als eines der Hauptwerke des viel bechäftigten Baumeisters Elias Holl.

denentwurf von Matthias Kager variiert. Im Erdgeschoss hinter Pfeilerarkaden und zwei Pilasterportalen waren 17 kleine Läden untergebracht. Im Ober- und im Mezzaningeschoss befanden sich Wohnungen.

Das durch Eckrustika und eine Figurennische geschmückte Gebäude mit niedrigem Zeltdach erhielt erst im 18. Jahrhundert die klassizistischen Fensterverdachungen und einen Schweifgiebel an der Westfassade. Der eher zurückhaltend gegliederte Zweckbau bildete gemeinsam mit dem nahen Siegelhaus und dem Herkulesbrunnen ein städtebaulich bedeutendes und außerdem wirtschaftlich rentables Ensemble.

1613 bis 1615: das Gymnasium bei St. Anna

Bereits mehrfach war die Familie Holl für die Kirchengemeinde von St. Anna baulich tätig gewesen. 1581 hatte Vater Hans das Collegium erbaut und 1602 Elias Holl den Turm der Kirche erneuert. 1612 standen weitere Baumaßnahmen bevor. Die kleine – seit 1531 bestehende und konfessionell nicht gebundene – städtische Lateinschule hatte zunächst Räume im aufgelösten Karmeliterkloster bezogen. Als im Jahr 1582 mit dem Jesuitengymnasium

Ein Stich in Matthäus Merians „Topographia Sueviae" aus dem Jahr 1643 zeigt das imposante Renaissanceensemble der Westfassade des Rathauses (bis 1620 gebaut), des Perlachturms und des Augustusbrunnens. Die beiden stattlichen Bauten trennt nur der kleine Fischmarkt.

St. Salvator eine katholische Schule in die Stadt kam, wurde das Gymnasium bei St. Anna evangelisch. Zusätzliche Klassenzimmer richtete man in primitiven Holzbauten im ehemaligen Klostergarten ein, die den Ansprüchen kaum genügten. 1612 entschloss sich die Stadt Augsburg zu einem Neubau und beauftragte ihren Werkmeister Elias Holl mit Planungen. Erhalten ist ein am Ende nicht realisierter Entwurf für ein zweistöckiges Gebäude mit neun Achsen und einem zweibogigen Fenster über dem aus der Mitte gerückten Portal. Zwei weitere Risse stammen aus dem Jahr 1613, wobei einer als Vorlage für den schließlich bis 1615 ausgeführten Bau diente.

Das dreistöckige und fünfachsige Schulhaus erhielt einen vorgezogenen Mittelrisalit mit Uhrengiebel, hinter dem das zentrale Treppenhaus liegt. Große, durch Pfosten geteilte Fenster ließen viel Licht in die Klassenräume. Eckrustika, profilierte Fensterrahmen und die betonte Fassadenmitte zeichnen dieses wohlproportionierte Bauwerk Holls aus, das parallel zu den Vorarbeiten des Rathausneubaus entstand.

Ein buchstäblich strahlendes Ensemble – das Augsburger Rathaus und der Perlachturm am Rathaussplatz.

Das Schulhaus, das mit seiner Rückseite an einen Lustgarten des reichen Christoph Fugger anschloss (an seiner Stelle entstand der Stadtmarkt), zeigt mit der Südfassade auf einen unregelmäßig begrenzten dreieckigen Hof. Niedrige Anbauten für die Zimmer der Lehrer verbanden es im Osten mit dem ehemaligen Rektoratsbau (heutiges Augustana-Haus) und im Westen mit dem alten Bibliotheksgebäude (1562 erbaut, 1893/94 durch einen nach Westen verschobenen Schulbau ersetzt). Diese Bibliothek, die auch Holl vermutlich zu Studien frequentiert hatte, erhielt zur gleichen Zeit an ihrem südlichen Ende einen Raum für astronomische Beobachtungen. Holl setzte auf den quadratischen Sockel des mittelalterlichen Turms einen oktogonalen Aufbau, der in einer kupfergedeckten Plattform mit steinerner Brüstung endete. Der neue Annahof erhielt durch Holls Gymnasium und die Sternwarte den an fürstliche Traditionen anknüpfenden, architektonisch akzentuierten Platzcharakter. Er wurde – so ein Kunsthistoriker – zur „Mitte einer Hofhaltung reichsstädtischer Humanistenkultur".

1614/15: der Perlachturm

Zu den vielfältigen Baumaßnahmen rund um den Augustusbrunnen zählte auch die Erhöhung des Perlachturms, die als vorbereitend für den Neubau des Rathauses gesehen werden muss. Der um 1526/27 in den oberen Stockwerken erneuerte mittelalterliche Turm sollte auf Vorschlag von Elias Holl ein Glockenhaus erhalten, in welches das Schlagwerk des alten Rathauses transferiert werden konnte. Erst danach war der Abbruch des gotischen Rathauses möglich.

Holl plante deshalb seit 1614, auf den querrechteckigen Unterbau des Turms eine oktogonale Glockenstube mit einer Kuppel zu setzen, die wiederum durch eine offene Laterne mit Zwiebelhaube bekrönt werden sollte. Für die Bauarbeiten konstruierte er ein freistehendes, im Boden verankertes Gerüst, welches das Mauerwerk nicht beschädigte. Das Modell des eingerüsteten Perlachturms von 1614/15 ist im Maximilianmuseum erhalten. Elias Holl schuf ferner ein kleines Aufzugsgerüst und schließlich ein ausgefeiltes Zugwerk für die Glocken.

In der Chronik berichtet er ausführlich von den Bauphasen sowie vom spektakulären Aufziehen der 45 Zentner schweren Glocke am 1. Mai 1615, das von den Bauherren, den Stadtpflegern und Vertretern der Oberschicht staunend verfolgt wurde. Auch die „Herren Fugger" feierten dieses Ereignis mit Elias Holl. Im folgenden Jahr erhielt der Turm vier Sonnenuhren, gemalt von Johann Matthias Kager, und die Michaelsfigur von Christoph Murmann (1944 zerstört). Auch der flach rustizierte Sockelbau mit den rundbogigen Blendfenstern sowie der äußere Turmaufgang am nördlichen Kirchenportal (1622) gehen auf Holl zurück.

1609: die ersten Planungen für das neue Augsburger Rathaus

Bereits seit 1609 trug sich der Rat der Stadt Augsburg mit dem Gedanken, das mittelalterliche Rathaus umzugestalten. Der aus drei unterschiedlich großen Giebelhäusern von 1385 bis 1516 zusammengefügte Bau mit durchgehenden Gesimsen, Fassadenmalereien und einem Turm für die Stadtglocke wurde daraufhin von Elias Holl vermessen (zwei Grundrisse und ein Aufriss). 1610 legte der Stadtwerkmeister einen Umbauentwurf vor. Er zeigt ein einheitliches vierstöckiges Gebäude mit Walmdach und zwei Eingängen, das mit dem asymmetrisch stehenden, sechseckigen

Die Umgestaltung sowie die Erhöhung des Perlachturms war wohl eine vorbereitende Maßnahme für den Neubau des Renaissancerathauses ab 1615.

Glockenturm und dem gotischen Eckerker noch an den alten Bau erinnert.

Ab 1614, als auch die Verlegung des Schlagwerks in den aufgestockten Perlachturm beschlossen war, wurde ein völliger Neubau unter der Leitung von Holl anvisiert. Eine Reihe von Entwurfszeichnungen und Holzmodellen dokumentiert die Planungsphasen: Auf einen „römischen" Palastfassadenentwurf folgte eine „venezianische" Dreiflügelanlage. Später entstand über einem Blockgrundriss das erste Dreigiebelmodell mit drei Satteldächern, die dann zur Dachkreuzanlage wurden. Ferner gibt es ein erstes und zweites Mittelgiebelmodell (im Maximilianmuseum). Parallel dazu wurde das Raumprogramm erarbeitet und die Grundrissaufteilung festgelegt. Hinzu kamen Entwürfe für die dekorative Ausgestaltung der Fassade und am Ende die Idee, die beiden Seitengiebel durch Türme zu ersetzen. Die gesamte Planung erfolgte stufenweise und in steter Abstimmung mit den Bauherren.

Nachdem das alte Rathaus 1615 abgetragen worden war, wurde im Mai 1616 der Grundstein für den Neubau gelegt. Bis 1620 zogen sich die Arbeiten an dem Großprojekt hin, die Schritt für

Dieser 1756 entstandene Stich von Gottfried Eichler d. J. zeigt Elias Holl, wie er Räten der Reichsstadt sein Rathausmodell erläutert. Holl hatte für jeden Stadtpfleger ein eigenes kleines Holzmodell des imposanten Baus anfertigen lassen.

Schritt nachvollziehbar sind. Dominiert wird der mächtige Baukubus nun an seiner Westfassade zum Rathausplatz von einem sechsachsigen Mittelrisalit mit erhöhtem Giebel. Die niedrigeren Seitenteile mit Balustrade und Zierobelisken werden durch die oktogonalen Kuppeltürme über den Treppenhäusern im Süden und Norden überragt. Nach Osten, wo das Gelände steil abfällt, erhebt sich über einem Kellergeschoss die bis 1884 von kleinen Häusern umbaute, heute auf den Elias-Holl-Platz weisende Rückseite, in die ein gotisches Steinrelief („Wilde Männer") des alten Rathauses integriert wurde. Der Bau mit seiner differenzierten Fensterordnung und Gliederung durch Lisenen und flache Eckrustika wurde an der Schauseite zusätzlich geschmückt. Über dem Portal befindet sich ein bronzenes Tympanongitter mit Greifen und Stadtwappen. Der Reichsadler im Giebelfeld ist heute durch eine Malerei ersetzt. Als Bekrönung diente eine Zirbelnuss – das alles waren Gussarbeiten Wolfgang Neidharts.

Im Inneren öffnet sich zunächst der Untere Fletz, eine dreischiffige, kreuzgratgewölbte Pfeilerhalle (dorischer Ordnung) mit zehn römischen Kaiserbüsten, ebenfalls von Neidhart nach Entwürfen

Die Inschrift über dem Hauptportal des Renaissancerathauses hält 1620 in lateinischer Zahlenschreibweise – MDCXX – als das Jahr der Fertigstellung des Rathausbaus fest.

von Ulrich Fisches gegossen. Von dort aus erreicht man über die beiden geraden, zweiläufigen Treppen – vorbei an weiteren vier Kaiserbüsten – den Oberen Fletz, eine flachgedeckte, mittelhohe Säulenhalle.

Die Ausstattung des Goldenen Saals war erst 1624 abgeschlossen

Im dritten Geschoss betritt man schließlich den Festsaal – den sogenannten Goldenen Saal – mit seiner am Dachstuhl aufgehängten hölzernen Decke. An diesen Saal schließen sich die vier Fürstenzimmer an. Die Ausstattung dieser Prachträume wurde erst 1624 abgeschlossen. Im Zentrum standen neben aufwendigen Holzarbeiten an Türen und Decken die malerischen Dekorationen des Prunksaals. Sie basieren auf einem vom Münchener Jesuitenpater Matthäus Rader erdachten ikonographischen Programm mit dem Thema „Triumph der Weisheit". Nach den Kompositionsentwürfen des ebenfalls in München wirkenden Hofmalers Peter Candid übernahm der Stadtmaler Johann Matthias Kager die Umsetzung der elf großen Deckengemälde auf Leinwand, die von 24 kleineren Szenen gerahmt werden.

Die Westfassade am Rathausplatz ist die „Schauseite" des Rathauses. Zwischen diesem Monumentalbau und dem Perlachturm liegt nur ein kleiner Platz, der Fischmarkt.

Als Leiter der malerischen Ausstattung fertigte Kager die meisten Bilder für die reich dekorierten Rats- und Fürstenzimmer. Auch an andere lokale Meister wie Johann Freyberger (1571 – 1632) und Thomas Maurer (circa 1563 – 1626), den gefragen Johann Rottenhammer (1564 – 1625) sowie an die beiden kaiserlichen Hofmaler Johann König (1586 – 1642) und Matthäus Gundelach (1566 – 1654) ergingen Aufträge für die Gemälde, sodass eine hochkarätige künstlerische Ausschmückung vorhanden war.

Große Teile des Augsburger Rathauses, vom Goldenen Saal bis zum Oberen Fletz, und fast die gesamte Ausstattung wurden 1944 durch Brandbomben zerstört. Um die verbliebene Bausubstanz zu erhalten, wurden in den Nachkriegsjahren der Dachstuhl ergänzt, neue Decken eingezogen, die Fassade saniert und das Innere vereinfacht wiederhergestellt (bis 1962). Ab dem Jahr 1978 wurden die Prachträume nach alten Vorlagen aufwendig rekonstruiert. 1985 konnte der „neue" Goldene Saal wieder eröffnet werden. 2022 waren zwei der Fürstenzimmer vollständig restauriert.

Das Rathaus mit seiner langen Baugeschichte und der komplexen Ausstattung gilt als das Meisterwerk Elias Holls und als ein Zeug-

Seinen Namen erhielt der Goldene Saal im Augsburger Rathaus von den mit Blattgold beschichteten Schnitzereien an der Decke und an den Portalen.

nis reichsstädtischen Selbstbewusstseins. Nicht zuletzt durch das in „heroischem Ansehen" herrschende Turmpaar erhält das Gebäude „die Würde fast einer Kathedrale altstädtischen Bürgertums", wie es der Kunsthistoriker Norbert Lieb einst formulierte.

Bis zum Jahr 2022 waren zwei der vier Fürstenzimmer restauriert worden – hier der nordwestliche dieser Prunkräume.

Auch in der ursprünglich von Holl geplanten Augsburger Friedhofskirche St. Michael sieht man Gemälde von Johann Matthias Kager (das Hochaltarblatt und wohl auch der östliche Seitenaltar) und von Joseph Heintz (westlicher Seitenaltar).

Malerei und Bildprogramme am Bau

Die Arbeit Elias Holls in Augsburg muss als enges Zusammenwirken mit jenen bildenden Künstlern gesehen werden, mit denen er zeitgleich an verschiedenen Projekten arbeitete. Zuweilen sind Ideen und Beiträge der Beteiligten nicht klar auseinanderzuhalten, da Unterlagen fehlen oder nicht eindeutig zuzuordnen sind.

Joseph Heintz

Als Malerkollege wirkte zur Zeit Elias Holls der überregional geschätzte und anerkannte Schweizer Joseph Heintz d. Ä. (1564 – 1609) in Augsburg. In Basel geboren und ausgebildet, hielt sich Heintz längere Zeit in Rom und Venedig auf, bevor er 1591 als Kammermaler Kaiser Rudolfs II. nach Prag ging.

1598 heiratete Joseph Heintz Regina Grezinger aus Augsburg und erwarb damit das Bürgerrecht. Zwischen 1605 und 1608 fertigte er unter anderem Altarbilder für die Friedhofskapelle

Bei der Planung der repräsentativen Fassade der 1609 erbauten Stadtmetzg war Joseph Heintz beteiligt. Das ehemalige Zunfthaus der Metzger gehört seit 2019 zum UNESCO-Welterbe „Augsburger Wassermanagement-System."

St. Michael und die Kirche St. Anna. Seine Gemälde zeigen die Einflüsse des italienischen und niederländischen Manierismus. Joseph Heintz – der Sohn eines Architekten und Bildhauers – war jedoch auch beratend und ausführend als sogenannter Malerarchitekt an der Gestaltung von öffentlichen Gebäuden beteiligt. Elias Holl nennt ihn im Zusammenhang mit den Arbeiten am Siegelhaus 1605, wo Joseph Heintz wahrscheinlich für die Ornamentformen, Fenster- und Portalrahmungen verantwortlich zeichnete.

Als ein ausgezeichneter Kenner der italienischen Architektur mit typischen Dekorationselementen wie Diamantquader und Beschlagwerk war Heintz vermutlich in die Fassadenplanungen für das Zeughaus und für die Stadtmetzg eingebunden. Es gilt als gesichert, dass er an beiden Modellen des Neuen Baus von 1607 und 1609 Anteil hatte. Wie die Literatur überliefert, wurde 1610 eine von Heintz entworfene steinerne Säule mit dem Stadtpyr unter Mithilfe von Elias Holl vor der Augsburger Ulrichsbasilika aufgestellt.

Die Leitung für die Gestaltung des Goldenen Saals im Rathaus wurde 1620 an den Stadtmaler Johann Matthias Kager übertragen. Die Arbeiten an der Ausstattung des Saals waren 1624 weitgehend abgeschlossen.

Im Jahr 1608 fand eine weitere Zusammenarbeit von Joseph Heintz und Elias Holl in Haunsheim statt, wo die beiden am Entwurf der Pfarrkirche mitwirkten. Heintz schuf für den Bauherrn Zacharias Geizkofler ein Grabdenkmal im Chor sowie das Altarbild der Schlosskapelle (heute verschollen) und entwarf außerdem einen Prunkkamin für das Schloss.

Johann Matthias Kager

Seit 1603 lebte der aus München stammende Maler Johann Matthias Kager (1575–1634) in Augsburg. In seiner Heimatstadt, wo er seit 1597 das Meisterrecht besaß, arbeitete der Katholik im Dienste des Bayerischen Hofs am Bau und an der Ausstattung der Münchener Residenz sowie an der Jesuitenkirche.

In Augsburg schuf Kager in kirchlichem Auftrag diverse Altarbilder (für Heilig Kreuz, St. Peter, St. Ulrich und Afra), die eine Auseinandersetzung mit der venezianischen Malerei und mit den Werken von Rubens erkennen lassen. Bald übernahm er auch große öffentliche Aufträge in der Stadt. Zwischen

Johann Matthias Kager schuf 1620/21 – nach der Idee eines Jesuiten und Vorzeichnungen des Münchener Hofmalers Peter Candid – die Deckengemälde des Goldenen Saals. Dort zeigt das langgestreckte Mittelbild den „Triumphzug der Weisheit".

1605 und 1607 schuf er die Fresken am Weberhaus (am Moritzplatz, 1913 abgerissen, heute an dieser Stelle Neubau). Relikte der Fresken sind im Maximilianmuseum Augsburg zu sehen.

1611 wurde Johann Matthias Kager in den Großen Rat berufen und 1615 zum Stadtmaler ernannt – innerhalb der städtischen Verwaltung eine vergleichbare Stellung, wie Elias Holl sie als Stadtwerkmeister innehatte. Einen beträchtlichen Anteil hatte Kager in dieser Funktion an der Innenausstattung des neuen Rathauses, deren Leitung ihm ab 1620 übertragen worden war. Zur Ikonographie des Bildprogramms hatte er sich unter anderem mit dem Münchener Jesuiten Matthäus Rader ausgetauscht. Wichtige Bilderserien im südöstlichen Fürstenzimmer und in der Ratsstube wurden durch Kager selbst ausgeführt. Die Vorzeichnungen für die Deckengemälde im Goldenen Saal des Rathauses hatte der Münchener Hofmaler Peter Candid geschaffen. Im östlichen Rundbild Johann Matthias Kagers instruiert die Personifikation der Architektur einen Baumeister. Der dort Dargestellte zeigt eindeutig die Gesichtszüge des Stadtwerkmeisters Elias Holl.

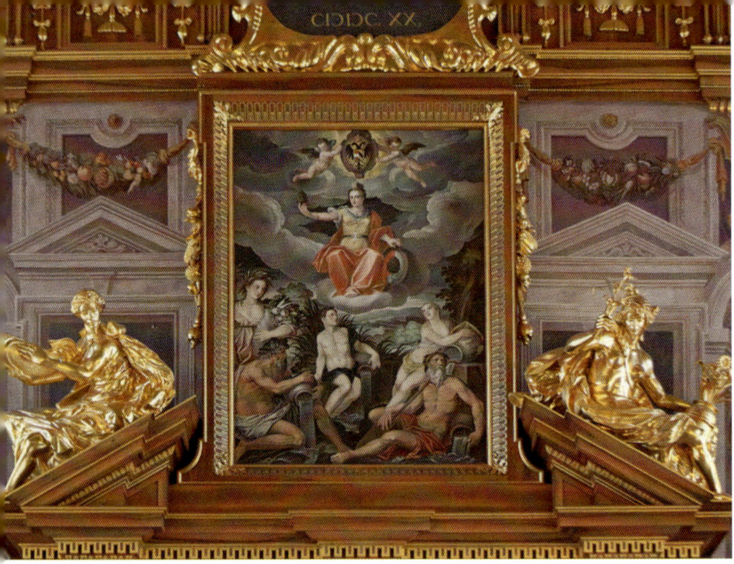

Johann Rottenhammer malte das allegorische Motiv Augsburgs über dem Nordportal des Goldenen Saals: zu Füßen der Stadtgöttin Augusta die Personifikationen von Lech und Brunnenbach (rechts) sowie von Wertach, Singold und des jungen Senkelbachs.

Inwieweit Kager, der die Kenntnis der Münchener Architektur des 16. Jahrhunderts mitgebracht hatte, Einfluss auf die Gestaltung Holl'scher Fassaden nahm, und ob sich dieser auf die Gesamtdisposition oder nur auf die Bauzier erstreckte, ist unklar. Kager erstellte nachweislich „Visierungen". Es gibt zum Beispiel Zeichnungen zur Stadtmetzg, die in ihrer lavierenden Ausführung die Handschrift des Malers vermuten lassen.

Über Johann Matthias Kagers Beteiligung an den Modellen zum Neuen Bau herrscht Ungewissheit. Seine Arbeit als entwerfender und ausführender Architekt in Augsburg – auch seine Mitwirkung an Kirchenbauten in Dillingen und Eichstätt wird genannt – ist deshalb noch nicht exakt einzuordnen. Als Katholik mit Beziehungen zu den Jesuiten war er vielleicht ein Gegenpol zum Protestanten Holl, dessen Leistungen als Architekt er möglicherweise ergänzte.

Johann Rottenhammer

Der Münchener Maler Johann Rottenhammer (1564–1625) kam nach einem längeren Aufenthalt in Venedig 1606 nach

Matthäus Gundelach schuf die Gemälde im nordwestlichen Fürstenzimmer. Sie zeigen unter anderem Kaiser Karl V. bei der Verleihung der Kurwürde an Moritz von Sachsen. Im Hintergrund erkennt man die Augsburger Fuggerhäuser.

Augsburg und erwarb hier das Bürgerrecht. Rottenhammer malte in Augsburg mehrere große Altarbilder, darunter das Hochaltarbild „Allerheiligen" für die ehemalige Franziskanerklosterkirche, heute St. Maximilian. Auch die Deckenbilder im Chor der evangelischen Kirche Heilig Kreuz sind sein Werk. Andere Wandgemälde und Fresken von Rottenhammer haben sich in Augsburg nicht erhalten.

1620 schuf Johann Rottenhammer ein Bild für den Goldenen Saal des Rathauses: die Stadtgöttin Augusta in Begleitung der vier Flussgötter Lech und Wertach, Singold und Brunnenbach. Das Original, das sich über dem nördlichen Hauptportal befand, wurde im Zweiten Weltkrieg 1944 zerstört. Das heute dort sichtbare Gemälde ist ein Replikat. Eine Zeichnung von Johann Rottenhammer zum gleichen Thema befindet sich in der Staats- und Stadtbibliothek Augsburg.

Matthäus Gundelach

Der in Prag tätige Maler Matthäus Gundelach (um 1566 – 1654) wurde nach dem Tod seines Kollegen Joseph Heintz d. Ä. 1609

In einem der Deckengemälde Johann Kagers im Goldenen Saal instruiert die Personifikation der Baukunst einen Baumeister mit den Gesichtszügen Elias Holls und dem Grundriss des Rathauses.

Kammermaler am Hof Rudolfs II. Im Jahr darauf heiratete Gundelach die Witwe seines Amtsvorgängers. Auf diese Weise erwarb er 1611 das Augsburger Bürgerrecht. 1617 erhielt er das Meisterrecht und zog in die Stadt. Matthäus Gundelach malte zwischen 1622 und 1624 für das Augsburger Rathaus drei Bilder, die die Verleihung der Kurwürde an Moritz von Sachsen in Augsburg zum Thema haben.

Diese Gemälde befinden sich heute wieder an ihrem ursprünglichen Platz im nordwestlichen Fürstenzimmer. Etliche Jahre später, 1652, schuf Matthäus Gundelach die Grisaillemalereien für die Emporenbrüstung in der evangelischen Pfarrkirche Heilig Kreuz.

Johann Freyberger

Nach einem Studienaufenthalt in Italien mit Schwerpunkt in Venedig kam der aus Kärnten stammende Maler Johann Freyberger (1571–1632) 1599 nach Augsburg. Er verehelichte sich in der Stadt und erwarb das Bürger- und Meisterrecht (1604). Nachdem Elias Holl das Barfüßertor erneuert hatte, übernahm Freyberger 1611 die vollständige Bemalung dieses erst 1825/26

Johann Freyberger malte für das Renaissancerathaus eine Allegorie des Bauwesens. Am rechten Bildrand dieses Gemäldes ist Stadtwerkmeister Elias Holl zu erkennen.

abgebrochenen Stadttors. 1614 schuf Freyberger einen Orgelprospekt für die Augsburger Dominikanerkirche St. Magdalena. Johann Freyberger war ebenfalls an der Ausgestaltung des Rathauses beteiligt. 1620 bis 1623 malte er vier allegorische Bilder, das Rats-, Steuer-, Gerichts- und Bauwesen darstellend.

Eine Zeichnung von Johann Matthias Kager (Kupferstichkabinett in Berlin) war die Vorlage für das Motiv des Bauwesens. Auf einer Baustelle im antiken Syrakus ist neben den Bauherren, Beratern und Handwerkern am rechten Bildrand Elias Holl als Baumeister dargestellt. Als Vorlage für Holls Gesicht diente ein Kupferstich von Lucas Kilian von 1619. In der auf der linken Seite abgebildeten Gruppe von Menschen hat Hans Freyberger auch den für den Augsburger Rathausneubau maßgeblich verantwortlichen Stadtbaumeister Hans Bartholomäus Welser dargestellt. Dieses Gemälde ist im Oberen Fletz direkt neben dem nördlichen Eingang zu besichtigen.

Die vollständige Fertigstellung des Goldenen Saals zog sich bis zum Jahr 1643 hin. Mit der Ausstattung des Saals scheint sich Elias Holl offenbar nicht weiter befasst zu haben.

Zwischen 1605 und 1625 war Holl immer wieder mit Um- und Neubauten der Stadtbefestigung beschäftigt. 1605 begannen die Arbeiten für die Erneuerung des Wertachbrucker Tors.

Bauwerke der Stadtbefestigung: Stadttore und eine starke Bastion

Die Arbeiten Elias Holls an der Augsburger Fortifikation: das Rote Tor und das Wertachbrucker Tor blieben erhalten

Jörg Selds Augsburger Stadtplan von 1521 zeigt die Stadtmauer mit mehr als hundert Türmen. Noch im 16. Jahrhundert wurden für die Stadtbefestigung neue Basteien erbaut. Zwischen 1605 und 1625 wurde die Augsburger Fortifikation durch Stadtwerkmeister Elias Holl mit zahlreichen Renovierungen, Umbauten und Neubauten verändert. Arbeiten an Bastionen und anderen Festungsbauten zogen sich fast durch Holls gesamte Amtszeit. Immer wieder mussten Stadtmauern (zum Beispiel an der sogenannten Judenbastei nahe dem Wertachbrucker Tor) ausgebessert und erhöht sowie Vorbauten und Brücken erweitert werden. Elias Holl war außerdem beim jährlichen Abschießen der Geschütze auf den Befestigungswerken anwesend. Die reich ausgestalteten Turmaufbauten Holls erfüllten allerdings eher ästhetische und repräsentative Bedürfnisse, als dass sie den Ansprüchen des zu dieser Zeit modernen Festungsbaus entsprochen hätten.

Auf den mittelalterlichen Unterbau des Wertachbrucker Tors setzte Holl einen repräsentativen achteckigen Aufbau.

1605: Wertachbrucker Tor

Das Wertachbrucker Tor, der wichtigste Zugang im Norden der Stadt, musste 1605 erneuert werden. Holl versah den mittelalterlichen Unterbau samt seiner spitzbogigen Durchfahrt mit einer

Das Wertachbrucker Tor auf einem Kupferstich von Simon Grimm. Bei diesem Tor lag der kurze Abschnitt eines nassen Stadtgrabens.

Das Relief der steinernen Gedenktafel an einer Fassade an der Bürgermeister-Fischer-Straße erinnert an das im Jahr 1860 abgebrochene Gögginger Tor und an die Arbeit Elias Holls.

Rustikaverkleidung und setzte einen achteckigen, mehrfach gegliederten Aufbau mit einem Zeltdach und einer Laterne darüber. Verschiedene Fensteröffnungen und Schießlöcher, Eckrustika und Pilaster, Bänder, Gesimse und Triglyphen zieren den neuen oberen Turmteil und „verleihen dem Bau mehr repräsentative als fortifikatorische Qualitäten" (so der Denkmalführer „Dehio").

1605 und 1622: Gögginger Tor

Das Relief einer steinernen Gedenktafel an einer Fassade an der Bürgermeister-Fischer-Straße erinnert an das Gögginger Tor und an Stadtwerkmeister Elias Holl. Dieser Bau wurde allerdings 1860 noch vor Aufhebung der Festungseigenschaft abgetragen. Wo das abgerissene Stadttor stand, befindet sich heute der Königsplatz. Schon im Jahr 1605 hatte Stadtwerkmeister Holl vor dem Gögginger Tor eine Brücke über den dort trockenen Stadtgraben errichtet. Das nach Westen gerichtete Stadttor erneuerte er 1622. Der Umbau dieses Torturms erfolgte zeitgleich und stilverwandt mit dem Neubau des Roten Tors, das Holl anstelle des früheren Spitaltors am südlichsten Rand der Stadt zusammen mit einer umfangreichen Eckbastion und einer Steinbrücke errichtete.

Auf den gotischen Unterbau des Roten Tors setzte Elias Holl 1622 einen neuen zweigeschossigen Aufbau mit abgerundeten Ecken. Seinen Namen erhielt dieser markante Torturm im Süden der Altstadt von der roten Bemalung seiner Putzflächen.

1622: Rotes Tor

Im südlichen Mauerbereich standen die drei Wassertürme des Oberen Wasserwerks, in denen Wasser in Hochreservoirs gepumpt wurde, um größere Teile der Stadt mit Trinkwasser zu versorgen. Diese Wassertürme waren über mittelalterlichen Festungstürmen errichtet worden. Der Große Wasserturm war zunächst nur ein hölzerner Aufbau, der 1433/34 entstand, 1464 abbrannte und erst danach ganz in Stein gemauert wurde. 1470 kam der Kleine Wasserturm hinzu, den Bernhard Zwitzel 1559 aufstockte. Der Kastenturm wurde 1599 durch Jakob Eschay erbaut.

An diesem neuralgischen Punkt in der Stadtmauer hatte Elias Holl bereits im Jahr 1611 die strategisch bedeutende und für die Sicherung der Wasserversorgung wichtige Bastion ausgebaut. 1622 setzte er – wieder auf einen leicht veränderten gotischen Unterbau mit spitzem Torbogen – einen zweigeschossigen Aufbau mit abgerundeten Ecken. Schießscharten, runde und rechteckige Fenster, kolossale Pilaster und vier horizontale Putzbänder gliedern den Holl'schen Aufsatz, der von einem Zeltdach mit Laterne

1611 hatte Elias Holl die strategisch bedeutende Bastion bei den Wassertürmen des Oberen Wasserwerks am Roten Tor ausgebaut.

geschlossen wird. Der im Stadtbild weithin sichtbare Turm bekam seinen Namen durch die rote Bemalung der Putzflächen, von denen sich die steinfarbenen Dekorationselemente deutlich abheben. Das Ensemble „Am Roten Tor" erhielt durch die schmucke Fortifikation einen weiteren imposanten städtebaulichen Akzent.

Der Blick durch die spitzbogige Tordurchfahrt des Roten Tors auf das äußere Tor der dortigen Bastion.

Das Klinkertor hatte Elias Holl 1608 umgebaut. Allerdings wurde sein Stadttor 1703 – im Spanischen Erbfolgekrieg – fast völlig zerstört. Die Abbildung zeigt das Klinkertor nach der Erneuerung.

Andere Tore – wie das Klinkertor (1608, im Jahr 1874 abgerissen), das Stephingertor (1619, 1703 zerstört und 1880 abgebrochen) und das Fischertor (1609, 1736 abgetragen, 1924/25 Neubau der Toranlage) – waren über einem quadratischen Grundriss errichtet, wobei auch hier die Unterbauten rustiziert und die Oberbauten mit ähnlichen Elementen etwas einfacher gestaltet waren. Das Frauentor (1611, 1884/85 abgerissen) und das Heilig-Kreuzer-Tor (1611, 1807 abgebrochen) – beide innerstädtische Tore – trugen Wandmalereien von Johann Matthias Kager. Das Barfüßertor (1610/12, 1825 abgebrochen) zur Jakobervorstadt zierte eine Fassadenbemalung von Johann Freyberger.

Auch die von Elias Holl erbauten Brücken über den Stadtgräben vor dem Gögginger Tor und vor dem Klinkertor sind längst verschwunden. Die östlich vor dem Tor gelegene Barfüßerbrücke, zu der sich ein Bauriss erhalten hat, wurde 1610/16 nach dem Vorbild der Rialtobrücke in Venedig errichtet. Über zwei Korbbögen befand sich demnach eine originelle, beidseitig bebaute und gedeckte Ladengalerie mit offenem Mittelrisalit (1825 abgetragen, klassizistische Neubauten), die das Areal um die Barfüßerkirche architektonisch aufwertete.

Von 1606 bis 1609 errichtete Elias Holl am Fuß des Perlachbergs die neue Stadtmetzg, heute ein Objekt des UNESCO-Welterbes.

Der Wasserbauer Holl: zuständig für Kanäle, Mühlen und Wassertürme

Holls Lechkanal als Kühlsystem für die neue Stadtmetzg ist heute ein Objekt des Augsburger UNESCO-Welterbes

Als Stadtwerkmeister war Elias Holl auch für den Wasserbau und die dazugehörenden Gebäude verantwortlich. So hatte er sich bereits 1603, kurz nach seinem Amtsantritt, um die Sanierung von bestehenden Mühlen zu kümmern (Hammerschmiede am Schäfflerbach, Untere Papiermühle an der Wertachbrücke), die durch die Lage am Wasser Schaden genommen hatten.

1606 bis 1609: Stadtmetzg

Spätestens seit den Neuplanungen für die Metzg im Jahr 1605 musste Holl sich intensiv mit dem Verlauf der Kanäle in der Stadt beschäftigen und mit baulichen Maßnahmen eingreifen. Dieser Neubau sollte über einem durch die Altstadt fließenden Lechkanal errichtet werden. Das am Hochablass aus dem Gebirgsfluss ausgeleitete eiskalte Kanalwasser diente der Kühlung der Fleischwaren. Wasser wurde auch zur Reinigung der Verkaufsplätze –

Der Vordere Lech floss unter der Stadtmetzg hindurch. In seiner Hauschronik notierte Holl: „So rinnet dieser Bronnenbach unter diesem Bau durch. Dieses Bachs Mutter […] habe ich ganz neu in die Gerad graben lassen […]. Hat mächtige große Arbeit gekost."

insgesamt 126 Fleischbänke – vom Blut und von Schlachtabfällen benötigt. Um einen Kanal unter der Stadtmetzg hindurchführen zu können, musste für den Vorderen Lech jedoch erst einmal ein neues Kanalbett gegraben werden. Holl ließ Stämme in den Untergrund rammen, auf denen ein Balkenrost zu liegen kam. So entstand ein tragfähiges Fundament für die Stadtmetzg. Auf dieser Basis wurden ein Gewölbe errichtet und die Wände hochgezogen. Das Fundament im Wasser hielt so lange, bis der Kanal trockengelegt wurde und das Holz schließlich faulte. (Die Stadtmetzg hatte ihre Funktion verloren, als die Metzger 1930 auf den neuen Stadtmarkt umzogen.) Bei Arbeiten im Jahr 1960 wurden die verfaulten Stämme durch sechs Meter in den Boden reichende Betonsäulen ersetzt. Holls Stadtmetzg und der unter ihr liegende Kanal sind seit 2019 Teil des Augsburger UNESCO-Welterbes.

1609: Oberer und Unterer St.-Jakobs-Wasserturm

Die Versorgung der öffentlichen Brunnen und privaten Wasserkästen in der Stadt erfolgte zu Beginn des 17. Jahrhunderts über hölzerne Wasserrohre (Deicheln), die von den Hochbassins der

Als „kunstvoller Zweckbau" entstand 1609 der Untere St.-Jakobs-Wasserturm an der Stadtmauer vor der Jakobervorstadt. Reines Trinkwasser für dieses Arme-Leute-Viertel war ein enormer Luxus.

neun Wassertürme in sieben (reichsstädtischen) Wasserwerken gespeist wurden. Drei Türme am Roten Tor versorgten die Obere Stadt (die Straßenzüge, Gassen und Plätze zwischen St. Ulrich

Der um 1730 gedruckte Stadtplan Matthäus Seutters zeigt die baugleichen Jakobs-Wassertürme in der östlichen Stadtmauer.

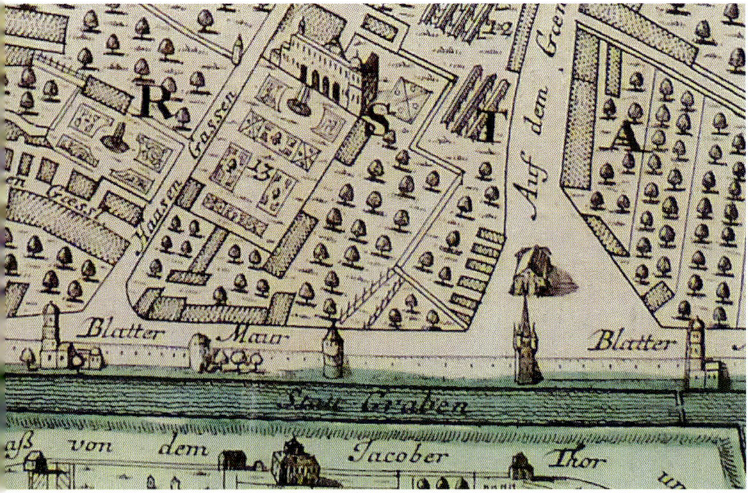

Der Untere St.-Jakobs-Wasserturm war eines der Wasserwerke der Jakobervorstadt. Bei beiden Jakobs-Wassertürmen trieb der Äußere Stadtgraben die Wasserräder der Hebewerke an.

und Afra sowie St. Moritz) und die Mittlere Stadt um das Rathaus, um St. Anna und um den Dom. Der Untere Brunnenturm am Mauerberg belieferte die Untere Stadt (das heutige Georgs- und Kreuzviertel und das Pfärrle um St. Stephan) mit Trinkwasser.

Zur Versorgung der Jakobervorstadt errichtete Elias Holl 1609 an der östlichen Stadtmauer zwei weitere, baugleiche Wassertürme – den Unteren und den Oberen St.-Jakobs-Wasserturm. Diese beiden Wasserwerke stellten unter anderem das Trinkwasser für die Fuggerei bereit. Stadtwerkmeister Holl errichtete diese Anlagen vermutlich nach Planungen von Joseph Heintz d. Ä. Der Obere St.-Jakobs-Wasserturm – er stand nahe beim Jakobertor – wurde in der „Augsburger Bombennacht" vom 25. auf den 26. Februar 1944 zerstört.

Der Untere St.-Jakobs-Wasserturm ist erhalten. Der hohe, schlanke Bau über dem quadratischen Grundriss mit dem kleinen angebauten Pumpenhaus zeigt sich nach außen hin aufwendig gestaltet: Über den beiden Untergeschossen mit Rustika folgen zwei Geschosse mit kräftig gerahmten Fenstern und Pilastergliederungen, starkem Kranzgesims und Dreiecksgiebeln sowie eine mit

Gegen Ende seiner langen Amtszeit errichtete Elias Holl die reichsstädtischen Lechhütten am Proviantbach. Hier trieb das Kanalwasser die Wasserräder eines Sägewerks an.

Kupfer verkleidete Dachhaube mit einer Kugel. Im Inneren führte die Treppe zum hochgelegenen Wasserbehälter. Der Turm erinnert weniger an die üblichen Wehrbauten, sondern beeindruckt vielmehr als „kunstvoller Zweckbau" (Dehio). Die Jakobervorstadt war ein Arme-Leute-Viertel – reines Trinkwasser aber sogar für Reiche ein exorbitanter Luxus. Unerklärlicherweise wurde ausgerechnet dieses Wasserwerk, das soziale Aspekte der Trinkwasserversorgung verdeutlicht wie kein zweites, von der Stadt Augsburg nicht für die Liste der Objekte des UNESCO-Welterbes vorgeschlagen.

1611 und 1630: Lechhütten und eine Sägemühle

Wo im heutigen Textilviertel (unweit des Schlacht- und Viehhofs) die Proviantbachstraße auf die Johannes-Haag-Straße stößt, steht am Proviantbach eine 1611 von Elias Holl errichtete, vollständig erhaltene und jüngst renovierte Lechhütte. Von einem zweiten von Holl an dieser Stelle gebauten Stadel sind die Mauerpfeiler erhalten geblieben. Auf dem Gelände des damaligen reichsstädtischen Bauhofs errichtete Stadtwerkmeister Holl 1630 außerdem eine wasserradgetriebene Sägemühle, für die hier die Antriebskraft des wasserreichen Lechkanals genutzt werden konnte.

Vor dem Barfüßertor bei der Barfüßerkirche überspannte die von Holl errichtete Barfüßerbrücke den Inneren Stadtgraben.

Wasserbau: Brücken, Mühlen und Kanäle

Zu Holls Aufgaben gehörte auch der Brückenbau. Für den Bau der Barfüßerbrücke über den Inneren Stadtgraben haben sich Pläne von 1611 erhalten. Auch hier wurden zur Fundamentierung der Brückenpfeiler anspruchsvolle Pfahlkonstruktionen und Holzroste eingesetzt. Fünf weitere Brücken entstanden um 1613, wie Holl in seiner Hauschronik vermerkte. Daneben waren es vor allem die Mühlen, die Holls Kenntnisse im Wasserbau forderten. Nach anfänglichen Sanierungen realisierte er ab 1607 mehrere Neubauten. 1625 zeichnete er einen Entwurf für die Mühle des Heilig-Geist-Spitals. Der farbige Grundriss zeigt vier Mühlräder, die dort vom „Mühlbach" (heute Vorderer Lech genannt) angetrieben wurden.

Zudem haben sich von Holl einige Wasserleitungs- und Gewässerpläne erhalten. Um die reichsstädtische Trinkwasserversorgung zu verbessern, wurde 1627 eine Wasserleitung von Haunstetten nach Augsburg geplant: Elias Holl hielt auf einem Blatt alle Mühlen und Wasserbauten an den Quellbächen und Kanälen südlich der Stadt fest. Ein Abdruck dieser Zeichnung ist in der Dauerausstellung im Wasserwerk am Roten Tor zu entdecken. Eine weitere Zeichnung von 1635 – sie befindet sich im Bestand des Augs-

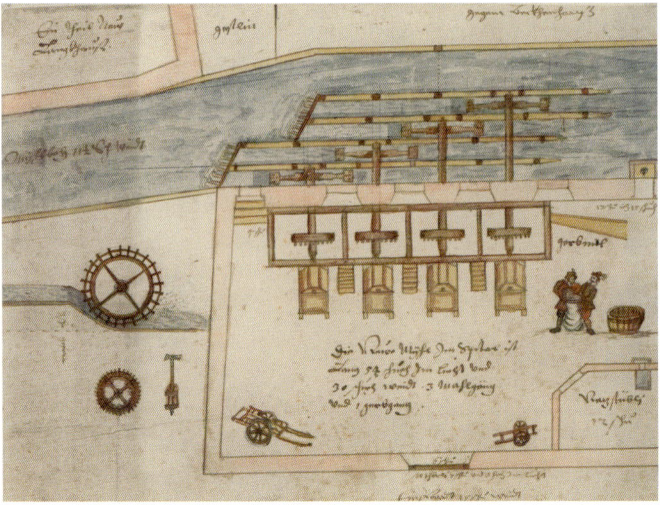

1625 erbaute Elias Holl die Mühle des Heilig-Geist-Spitals neu. Die Wasserräder der vier Mahlwerke trieb der Vordere Lech an. Im Plan wird dieser Lechkanal „Mühlbach" genannt.

burger Stadtarchivs – listet insgesamt 26 Wasserkraftnutzer auf, darunter sieben Sägemühlen und drei Mahlmühlen.

Eine römische Spolie aus dem Kanal

Dass Holl auch für Ausbesserungsarbeiten an den teils unterirdisch verlaufenden Kanälen zuständig war, belegt eine Passage in seiner Hauschronik. Dort beschreibt er stolz, wie er die technisch schwierige Bergung einer römischen Spolie aus einem Kanalgewölbe bewerkstelligte: „1605. in der abläsen kam ich under Barfueßerkirch[en] in Hinderen// Lech, der dann miten under diser kirch[en] durchlaufft; fand dar-//under ein antiquitet stein, darann waren bilder mit Wein-// fäßeren gehauen. Disen stein hette herr stattpfleger Welser// vor disem gerne herauß gehabt." Große Genugtuung bereitete Holl offenbar, dass es zwei Meister vor ihm nicht gewagt hatten, die nicht ungefährliche Bergung des Steins aus dem einsturzgefährdeten Gewölbe vorzunehmen.

Das antike Relief wurde später in die Balkonbrüstung des (1809 abgebrochenen) Siegelhauses eingelassen. Mit dem Abriss ging auch die römische Spolie verloren. Die Zweitverwendung antiker

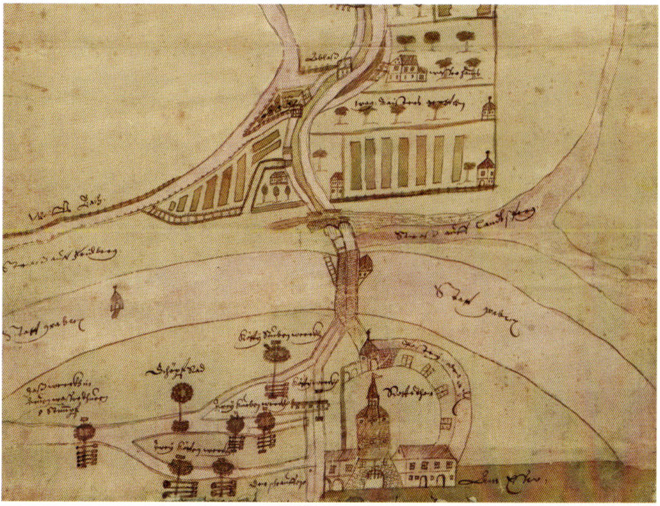

Im Kleinen Wasserturm des Wasserwerks am Roten Tor sieht man einen Vogelschauplan, mit dem Holl 1627 den Weg des Brunnenbachs und des Mühlbachs zu diesem Wasserwerk skizzierte.

Steine war in Augsburg nicht eben selten. Elias Holl war jedoch der erste, der nicht nur die Zweitverwendung, sondern auch die Bergung einer Spolie dokumentierte.

Elias Holl – ein Wasserbauingenieur?

Immer wieder führt Elias Holl in seiner Hauschronik Arbeiten an Ablässen sowie den Bau von Wasserkästen (in der Regel steinerne Brunnentröge am Ende einer Röhrwasserleitung) auf. Wie umfassend Holl mit dem Wasserbau beschäftigt war, unterstrich Eva Haberstock 2018: „Den Aufzeichnungen des reichsstädtischen Baumeisteramts und seinen eigenen Lebensaufzeichnungen – der sogenannten Hauschronik – zufolge war Holl jedoch in weit höherem Maß mit Bauunterhalt und Sanierung der Mühlen und wasserwirtschaftlichen Anlagen betraut als bisher angenommen. Zur Feststellung von Bauschäden und technischen Mängeln an Wasserkraftanlagen standen bisweilen täglich Ortsbegehungen an, in deren Folge Holl die Mängelbeseitigung zu koordinieren hatte. Ein wesentlicher Aufgabenbereich entfiel demnach auf Tätigkeiten, die man unter dem neuzeitlichen Begriff Wasserbau subsumieren würde."

Schlösser, Kirchen und Rat für private Auftraggeber

Auch außerhalb der Reichsstadt Augsburg war der Baumeister Elias Holl – als Gutachter wie als Architekt – gefragt. Schlösser und Sakralbauten belegen, dass Holl auch von auswärtigen Bauherren wie dem Bischof von Eichstätt und von Adeligen wie den reichen Fuggern privat beauftragt wurde.

Neuburg war Residenzstadt der pfalz-neuburgischen Landesherren. Elias Holl beriet hier wegen der St.-Peters-Kirche und wegen der Befestigungen über dem Ufer der Donau.

Private Auftraggeber: Schlösser des Adels und des Bischofs von Eichstätt

Elias Holl als privater Gutachter und Architekt in Biberbach, in Mittelfranken, an der Donau und im Altmühltal

Als Stadtwerkmeister war Elias Holl vor allem an Aufträge der Stadt gebunden. Zuvor schon hatte er wie sein Vater Hans als einfacher Maurer für Handwerker, Kaufleute und Patrizier gearbeitet. Während seiner Amtszeit konnte er zusätzlich private Bauaufgaben annehmen. Nach seiner Entlassung aus dem Dienst der Stadt im Jahr 1635 war er wieder als „Privat-Meister" tätig.

Auftraggeber aus dem Hause Fugger

Die Beziehung zur Familie Fugger, jener erfolgreichen Bankiers- und Kaufmannsdynastie, die auf nachhaltigste Weise das wirtschaftliche und politische Geschehen nicht nur der Stadt beeinflusste, war bereits durch Vater Hans Holl angelegt worden. 1573, im Geburtsjahr von Elias, hatte dieser einen Vertrag mit Markus, Jakob III. und Hans Fugger unterzeichnet, der ihn in Nachfolge des verstorbenen Jörg Allgöwers zu ihrem Werkmeister ernannte. Danach arbeitete Hans Holl am Fugger'schen Stadtpalast am Weinmarkt (heutige Maximilianstraße 36 und 38) und an Fuggerhäusern in der Pfaffengasse (heutige Zeuggasse). Vor dem Gögginger Tor errichtete Hans Holl Stallungen in einem Fugger'schen Hofgut. 1581 errichtete er im Auftrag von Markus und Philipp Eduard Fugger die Markuskirche in der Fuggerei. Als Arbeit Hans Holls wird zudem ein Haus für Markus Fugger im „Herren-Garten" bei der Schmelzer-Brücke (Unterer Graben 6) und dessen Wohnhaus, ebenfalls am Weinmarkt gelegen, erwähnt. Für einen Mitarbeiter des Unternehmens – den Buchhalter Hanns Mehrer – errichtete Hans Holl ein Gebäude auf Fugger'schem Grundbesitz.

Vater und Sohn Holl arbeiteten auch für andere hochgestellte Auftraggeber, denen sie von den Fuggern empfohlen worden sein dürften. Sie bauten für die Patrizierfamilien Imhof (die Kapelle in Klosterlechfeld), Ilsung (ein Schloss in Kissing), Rehlinger (ein Schloss in Inningen), Gienger (ein Schloss in Stadtbergen), für die Herwarth, Welser (ein Schloss in Oberschweinbach, heute Landkreis Fürstenfeldbruck) und Langenauer (ein Schloss in Deubach).

Die Fuggerhäuser in der Pfaffengasse waren die erste Baustelle, auf der Elias Holl 1586 als Junge mitwirkte. Bald schon entwickelte sich eine besondere Beziehung zu diesen Bauherren. Die Fugger sollten deshalb in Elias Holls späterem Schaffen, und zwar weit über seine Jugend und ersten Aufträge hinaus (zum Beispiel auf Schloss Wellenburg), immer wieder als Bauherren oder auch als einflussreiche Vermittler von Aufträgen auftreten.

1607: der Bau von Schloss Schwarzenberg

Elias Holl hatte seine ersten repräsentativen Gebäude für die Stadt Augsburg errichtet (Zeughaus, Siegelhaus und Stadtmetzg), als er 1607 einen Auftrag im Fränkischen übernahm, der eine Auseinandersetzung mit mittelalterlicher Bausubstanz und höfischem Schlossbau forderte. Vermutlich über Empfehlungen der Fugger war Holl für diese Aufgabe ausgewählt worden: Anna Sibylla (1569 – 1634), die Tochter von Markus Fugger, war die Gemahlin von Wolfgang Jakob von Schwarzenberg zu Hohenlandsberg (1560 – 1618). Diese Fuggerin lebte mit ihrem Ehemann auf Burg

Im Jahr 1607 übernahm Elias Holl den Auftrag, den Neubau von Schloss Schwarzenberg in Scheinfeld zu planen. Vermittelt wurde dieser Auftrag vermutlich durch eine Fuggerin.

Schwarzenberg oberhalb der mittelfränkischen Stadt Scheinfeld am Westrand des Steigerwalds.

Als der Südflügel der mittelalterlichen Wehranlage im Frühjahr des Jahres 1607 durch einen Brand zerstört worden war, wandte sich Wolfgang Jakob von Schwarzenberg an die Stadt Augsburg „mit der Bitte, ‚Stadt-Werkmeister' Elias Holl zu gestatten, ihm bei den Planungen des Schlossneubaues mit Rat behilflich zu sein".

Wie Holl in seiner Chronik berichtet, verbrachte er 1607 zwei Wochen vor Ort, um „Visierungen" – also Pläne – zu erstellen (diese sind nicht mehr nachweisbar). Die Bauarbeiten zogen sich bis in das Jahr 1618 hin. Sie wurden im Wesentlichen durch den Nürnberger Baumeister Jakob Wolff – den Erbauer des Rathauses in Nürnberg – und von dessen Sohn ausgeführt.

Das neue dreigeschossige Schlossgebäude, zum Teil auf alten Fundamenten um einen dreieckigen Hof errichtet, erhielt eine imposante, talwärts gerichtete Südostfassade. Drei Reihen mit großen Fenstern und vier Giebelaufsätzen werden von zwei polygonalen Erkern gerahmt. Ein im Hof an den Südosttrakt

Als die Fugger das von Jakob Fugger 1514 erworbene Schloss in Markt bei Biberbach umgestalteten, wurde Elias Holl „über die 21mal" auf das Schloss hoch über dem Schmuttertal berufen.

angebauter Treppenturm ermöglichte den Zugang zu den Repräsentationsräumen, ein rustizierter Turm mit einer vierseitigen Kuppelhaube schließt den Dreiflügelbau im Südwesten. 1615/16 wurde davor die Schlosskirche errichtet. Stützmauern mit weiteren Türmen sowie Gebäude um den äußeren Schlosshof im Nordosten ergänzen das weitläufige Ensemble. Da Pläne Holls nicht vorliegen und später An- und Umbauten stattfanden, kann nur vermutet werden, dass vor allem die Gesamtanlage mit den Höfen, der Treppenturm im inneren Hof (vergleichbar mit dem des Zeughauses) sowie die klare Gliederung der Fassaden auf die Konzeption Elias Holls zurückgehen.

Nach dem Tod des Schlossherrn im Jahr 1618 – vier Söhne waren schon im Kindes- und Jugendalter verstorben – zog die Gräfin-Witwe Anna Sibylla Fugger nach Würzburg. Schloss Schwarzenberg wurde im Dreißigjährigen Krieg wiederholt geplündert und befand sich in den Jahren von 1631 bis 1634 unter schwedischer Herrschaft. Anschließend wurde es wieder von den Fürsten von Schwarzenberg übernommen und blieb bis 1806 der Sitz der Regierung und Verwaltung der reichsunmittelbaren fürstlichen Grafschaft. Etliche Gebäude wurden noch zeitweise vom ehe-

Im Anwesen Hieronymus Fuggers schuf Holl um 1625 die Arkadenwand im Hof. Giebel mit vergoldeten Kugeln zieren zwei Durchgänge. Den Bogen über dem Brunnen schmückt ein Reichsadler.

maligen tschechischen Außenminister Karl von Schwarzenberg bewohnt, in anderen sind private Schulen untergebracht.

Das Fuggerschloss Markt und eine Arkadenwand

Für den Stadtpalast, den Hieronymus Fugger 1625 erworben hatte (heutiges Höhmannhaus, Maximilianstraße 48), gestaltete Elias Holl eine Arkadenwand, die den Innenhof nach Westen hin abschließt. Gesprengte Giebel mit vergoldeten Kugeln zieren die beiden seitlichen Durchgänge. Den mittleren – erhöhten – Bogen über einem Röhrwasserkasten schmückt ein Reichsadler. Elias Holl war zudem für die Fugger in Markt bei Biberbach an baulichen Veränderungen am dortigen Schloss tätig. In seiner Chronik vermerkt er stolz, dass er „über die 21mal" auf Schloss Markt geholt worden sei.

Elias Holl in Haunsheim

Auch während seiner Amtszeit als Augsburger Stadtwerkmeister wurde Elias Holl immer wieder von privaten Bauherren für auswärtige Bauaufgaben angefordert. Nur relativ kurz erwähnt er

Die Wehrmauer um die Haunsheimer Pfarrkirche wurde nach Entwürfen Elias Holls oder seines Bruders Esaias errichtet. Elias Holl war wohl auch an Entwürfen für den Turm beteiligt.

eine Tätigkeit für den Reichspfennigmeister Zacharias Geizkofler, der ihn nach 1604 bei einem Kirchenneubau in Haunsheim nordwestlich von Dillingen zurate zog. Zacharias Geizkofler, 1560 in Sterzing in Tirol geboren, kam mit sechs Jahren nach Augsburg zu seinem Onkel Michael (1527–1614), der als Oberster Güterverwalter für die Fugger arbeitete. Zacharias Geizkofler besuchte das Gymnasium bei St. Anna, studierte im Anschluss daran Rechtswissenschaften in Padua, Ingolstadt, Basel sowie Straßburg und praktizierte danach am Kaiserlichen Kammergericht zu Speyer.

1584 war Zacharias Geizkofler erstmalig für Markus Fugger tätig, bevor er Rat des Erzherzogs Ferdinand wurde. 1588 wurde er auf Vorschlag der Fugger zum Reichspfennigmeister in Augsburg ernannt. 1591 heiratete er in der Annakirche die Augsburger Patrizierstochter Maria Rehlinger. Die anschließende Feier fand im Oberen Schlösschen von Inningen statt, das Hans Holl 1586 für Marx Konrad Rehlinger errichtet hatte. Als gut bezahlter kaiserlicher Beamter des Reichs konnte Geizkofler in den folgenden Jahren mehrere Besitzungen erwerben: Der Kauf des freiadeligen Guts Haunsheim brachte ihm 1600 neben dem alten Schloss die Privilegien einer reichsunmittelbaren Herrschaft ein.

Elias Holls Künstlerkollege Joseph Heintz entwarf Zacharias Geizkoflers Epitaph in der Kirche in Haunsheim, das durch den Augsburger Bildhauer Christoph Murmann d. J. ausgeführt wurde.

Zur Erwerbung der Güter hatte er sich 20000 Gulden bei Philipp Eduard Fugger und dessen Brüdern zu fünf Prozent Zins geliehen. Als protestantischer Landesherr konnte er 1603 in seiner neuen Besitzung die Reformation einführen. Nachdem er noch im gleichen Jahr seine Ämter niedergelegt hatte, zog er 1605 bei Aufgabe seines Augsburger Bürgerrechts endgültig nach Haunsheim. Zacharias Geizkofler ließ zunächst von 1601 bis 1604 das Schloss erneuern und aufwendig ausstatten. Im Dorf unterstützte er den Bau einer Badstube sowie einer Schule. Geizkofler berief einen Protestanten als Pfarrer und machte sich schließlich sogar daran, eine neue Pfarrkirche und die Anlage eines Friedhofs zu planen.

Die alte Vorgängerkirche wurde abgebrochen und Elias Holl zur Mitwirkung herangezogen. Er fertigte vermutlich auch Entwürfe für architektonische Details an den Fensterumrahmungen und für das Turmobergeschoss. Die Baupläne stammen vom ebenfalls in Augsburg tätigen Joseph Heintz, die Ausführung (1608/09) übernahm der in Dillingen ansässige Baumeister Hans Alberthal. Die kleine, aber wohlproportionierte Kirche beherbergt das Epitaph des Zacharias Geizkofler: Es wurde 1607 nach einem Entwurf von Heintz durch Christoph Murmann d. J. ausgeführt.

Mit der Kirche entstand 1609 auch die Einfassung des Friedhofs durch eine Mauer mit zwei Vierecktürmen und einem architektonisch aufwendig gestalteten Eingangsportal, die auf Planungen Elias Holls oder seines Bruders Esaias zurückgehen. Auch nachdem Geizkofler seine Ämter abgegeben hatte (neuer Reichspfennigmeister wurde Matthäus Welser), war er weiterhn als Jurist und Berater in Finanzfragen tätig und verfasste Gutachten für Kaiser Rudolf II. und dessen Nachfolger Matthias.

Als Zacharias Geizkofler 1617 in Prag verstarb, übernahm sein Sohn Ferdinand (1592 – 1653) die Herrschaft in Haunsheim. Da dieser keine männlichen Erben hatte, ging das Schloss 1666 durch Heirat in anderen Besitz über. Der Ort Haunsheim blieb weiterhin protestantisch, auch nachdem das Herzogtum Pfalz-Neuburg seit 1614 wieder katholisch war. An der Kirche wurden bis heute nur unwesentliche Veränderungen vorgenommen.

Holl und die Willibaldsburg in Eichstätt

Nur wenige Jahre nach den Planungen für Schloss Schwarzenberg wurde Elias Holl für ein Projekt ins altbayerische Altmühltal berufen. Wiederum war es eine mittelalterliche Burganlage, die zum Fürstenschloss umgestaltet werden sollte.

Auftraggeber in diesem Fall war der Eichstätter Bischof Johann Konrad von Gemmingen (1561 – 1612), dessen Vater Dietrich Augsburger Ratsherr sowie Statthalter zu Dillingen und dessen Onkel Johann Otto Fürstbischof in Augsburg war. Konrad von Gemmingen übernahm im Jahr 1594 die weltliche und geistliche Regierung des Hochstiftes Eichstätt mit Sitz auf der hoch über der Altmühl gelegenen Willibaldsburg. Benannt ist die Burg nach dem angelsächsischen Missionar Willibald aus Wessex in England, der in Deutschland Bischof wurde und im Jahr 787 oder 788 in Eichstätt verstarb.

Profund gebildet und vielfältig kulturell interessiert, ließ Bischof von Gemmingen um 1597 den botanischen Garten auf einem terrassierten Gelände am Fuß der Burg anlegen, wobei ihm italienische Renaissancegärten oder die Gartenanlage des Botanikers Joachim Camerarius d. J. in Nürnberg als Vorbild gedient haben könnten. Verantwortlich für diese Eichstätter Gartenanlage war jedenfalls der Nürnberger Apotheker Basilius Besler, der 1613 das berühmte Pflanzenbuch „Hortus Eystettensis" edierte.

Elias Holl – mehrmals in Eichstätt

Nachdem bereits 1599 mit umfangreichen Baumaßnahmen begonnen worden war, entschloss sich Konrad von Gemmingen 1609 zu erweiternden Um- und Neubauten im Burgareal. Durch seine Beziehungen zur Reichsstadt Augsburg erreichte er, dass Elias Holl vom dortigen Rat für die Planungen in Eichstätt freigestellt wurde. Elias Holl berichtet ausführlich von zwei Aufenthalten auf der Burg, in deren Folge die Pläne für den Neubau entstanden. Auch bei der feierlichen Grundsteinlegung war er anwesend. Die Bauausführung vor Ort leiteten in den folgenden Jahren aber der fürstliche Hofbaumeister Hans Alberthal und dessen Nachfolger Martin Barbieri. Im Jahr 1610 reiste Elias Holl noch ein weiteres Mal nach Eichstätt. Damals bestand vermutlich die Absicht, neben einer Palastkapelle im Osttrakt auch noch eine Heilig-Grab-Kirche im Tal der Altmühl zu errichten, für die Elias Holl schon Visierungen gefertigt hatte. Der Tod des Bischofs verhinderte jedoch die Ausführung aller weiteren Pläne.

Der Gemmingenbau, wie er sich heutzutage präsentiert, gibt aber nur noch einen unvollständigen Eindruck von seiner ursprünglichen Gestaltung. Ein Zeitzeugnis der besonderen Art ist der Bericht des Augsburger Kunstagenten Philipp Hainhofer, der den Fürstbischof 1611 in Eichstätt besuchte, sowie eine vermutlich von Hainhofer selbst aquarellierte Federzeichnung (heute in der Herzog-August-Bibliothek, Wolfenbüttel), die das Bauwerk in voller Pracht zeigt. Wie auch auf anderen Abbildungen zu erkennen, war das sechs Fensterachsen breite, heute zweigeschossige Gebäude auf gemauertem Sockel seinerzeit ein Stockwerk höher. Auch die quadratischen Ecktürme, leicht nach innen gedreht und sich verjüngend, endeten über dem Gesims in zwei oktogonalen Stockwerken und einer Zwiebelhaube. Im Hof des bischöflichen Schlosses befinden sich im südlichen Erdgeschoss Arkaden und in der Nordwestecke ein Portal mit Sprenggiebel und toskanischen Säulen. Darüber erhoben sich ebenfalls zwei Fenstergeschosse. Zudem war wohl daran gedacht, den Hof um das Portal zu spiegeln,

Hoch über dem Altmühltal liegt die Willibaldsburg: Die mittelalterliche Anlage wurde 1609 von Elias Holl für den Eichstätter Bischof Johann Konrad von Gemmingen zum Fürstenschloss umgestaltet.

ihn also um zwei Achsen zu erweitern und den Nordflügel sowie den gegenüberliegenden Flügel auch mit Arkaden zu gestalten.

Insgesamt muss die Ausrichtung der Hauptfassade zur Altmühlschleife und ihre klare Gliederung mit den hohen Flankentürmen, die für die repräsentative Fernwirkung ausschlaggebend sind, als Hauptverdienst Elias Holls gewürdigt werden. Überdies lässt die blockhafte Zweiturmfassade entfernt an das wenig später in Augsburg begonnene Rathaus denken.

Fürstbischof Johann Christoph von Westerstetten (1612 – 1637) vollendete nach dem Tod seines Vorgängers die von Bischof Konrad von Gemmingen begonnenen Bauten (Südflügel) und ließ die Bastionen erneuern. 1633 belagerten schwedische Truppen das fürstliche Schloss. Nach der Rückeroberung durch die Katholiken blieb es bis ins 18. Jahrhundert Regierungssitz. 1725 verlagerte der Bischof von Eichstätt die Residenz schließlich in das neue Stadtschloss am Eichstätter Dom. Nach verschiedenen Nutzungen der Willibaldsburg im 19. Jahrhundert (seinerzeit wurde auch das obere Stockwerk abgetragen) wurde 1976 im Gemmingenbau das „Juramuseum" eröffnet.

Die Konfession spielte bei kirchlichen Aufträgen bis 1629 keine Rolle: 1609 arbeitete der Protestant Elias Holl am Südturm des Augsburger Doms.

Im Zeitalter der Glaubenskriege: die sakralen Bauten Elias Holls

Für Bauherren und Kollegen spielte die Glaubensrichtung auch in der Epoche des Konfessionsstreits lange keine Rolle

In der Reichsstadt Augsburg war das Neben- und Miteinander von Altgläubigen und Lutheranern seit dem Augsburger Religionsfrieden von 1555 weitgehend gewährleistet. Der protestantischen Mehrheit (70 bis 80 Prozent der Bevölkerung) stand freilich die Dominanz der katholischen Patrizier gegenüber, die im wichtigsten politischen Gremium der Reichsstadt – im Kleinen Rat – mit kürzeren Unterbrechungen die Mehrheit und damit den bestimmenden Einfluss auf die Stadtregierung hatte.

Wirtschaftlich, aber auch bei Bauten und Kunstwerken herrschte in der Stadt allerdings meist ein praktisches, überkonfessionelles Zusammenwirken. So übernahmen protestantische Handwerker Arbeiten für den katholischen Adel und geistliche Auftraggeber. Selbst die Kirchen beider Konfessionen vergaben im reformierten Augsburg ihre Aufträge vor allem nach Qualität und Preis.

Im Jahr 1602 gestaltete Elias Holl die Obergeschosse des zierlich wirkenden Kirchturms von St. Anna – der „Hauskirche" seiner Familie – um.

Phase toleranter Koexistenz

Die Familie von Elias Holl gehörte dem protestantischen Teil der Handwerkerschaft an. In der Hauschronik berichtet er von Hochzeiten in der Annakirche und von Taufen der Kinder in St. Anna oder in St. Ulrich. Er äußert aber darüber hinaus keinerlei explizite Glaubensbekundungen oder gar religiöse Vorbehalte: Die Konfession der Auftraggeber ist keiner Erwähnung wert. Bei seiner Berufung ins Amt waren zwei der drei Baumeister, die für ihn stimmten, katholisch. Die Zusammenarbeit mit andersgläubigen Künstlern, Kollegen und Bauherren scheint unabhängig von deren religiöser Orientierung funktioniert zu haben. Auch schon Elias Holls Vater Hans hatte wiederholt für katholische Auftraggeber gearbeitet, etwa für die Franziskanerinnen an der Klosterkirche Maria Stern oder auch für die Fugger, für die er die kleine Kirche St. Markus in der Fuggerei errichtete.

Seit Mitte des 16. Jahrhunderts waren in Augsburg mehrere neue evangelische Kirchen – sogenannte Predigthäuser – in unmittelbarer Nachbarschaft von katholischen Kirchen entstanden: 1550 bei Heilig Kreuz, 1552 bei St. Ulrich und 1556 bei St. Georg. Ab

Ab 1603 plante Elias Holl die katholische Friedhofskapelle St. Michael, die er mit seinem Bruder Esaias ausführte.

1570 setzte eine gesteigerte kirchliche Bautätigkeit auch bei den Katholiken ein, wozu die neue Niederlassung der Jesuiten beitrug. 1580 begann man mit dem Bau einer Jesuitenkirche und eines Kollegs. Im Jahr 1602 folgten das Kapuzinerkloster mit seiner Kirche und 1608 das Franziskanerkloster. (Die Ansiedlung sowohl der Jesuiten als auch die der Kapuziner sowie der Franziskaner-Observanten bei St. Maximilian in der Jakobervorstadt war jeweils von den katholischen Hardlinern aus dem Hause Fugger finanziert worden.) Außerdem wurden etliche Umbauten an Kirchen fällig.

1602: Elias Holl erneuert den Turm der Kirche St. Anna

Eine frühe kirchliche Bauaufgabe beschäftigte Elias Holl im Jahr 1602 mit der Kirche St. Anna. Sie war die „Hauskirche" der Holls, in der schon der Vater Hans die Heilig-Grab-Kapelle umgestaltet hatte. Nachdem der Turm der Annakirche baufällig geworden war, mussten die beiden oberen Geschosse ersetzt werden. Elias Holl schuf den neuen Glockenstuhl mit oktogonalem Aufsatz und ausgezogener Spitze. Das Äußere gliederte er durch toskanische Pilaster vor Bandrustika, Dreiecksgiebel und die filigrane ionische Ordnung in den Klangarkaden. Die starke Durchgestaltung er-

Im Jahr 1619 half Elias Holl beim Bau des Turms der Klosterkirche St. Stephan.

innert an die Fassade des Zeughauses, was auch hier zu einer Debatte über die Beteiligung von Joseph Heintz geführt hat. Seinen ersten eigenständigen Kirchenbau, die Wallfahrtskapelle Maria Hilf bei Klosterlechfeld, führte Elias Holl etwa gleichzeitig im Auftrag der katholischen Patrizierswitwe Regina Imhof – gemeinsam mit Bruder Esaias – aus.

Friedhofskapelle St. Michael

Im Jahr 1603 begannen die ersten Überlegungen für den Bau einer dem heiligen Michael geweihten Friedhofskapelle im neuen katholischen Friedhof vor dem Gögginger Tor (an der heutigen Hermanstraße). Wie aus den Bauamtsrechnungen zu entnehmen ist, sollte der neue Stadtwerkmeister Elias Holl zwei Entwürfe liefern, einen mit längsrechteckigem sowie einen mit ovalem Grundriss. Ausgeführt wurde der ovale Zentralbau (bis 1605) erneut in Zusammenarbeit mit seinem Bruder Esaias Holl. Auf dem Stadtplan von Wolfgang Kilian (1626) sieht man, dass die Kirche ursprünglich keinen Turm, sondern ein Dach mit durchhängendem First zwischen zwei Zwiebeln an den Schmalseiten hatte. Der Baukörper wurde durch Pilaster und durch rechteckige Fenster gegliedert und besaß einen dreistufigen Sockel. Schon im

Für das Augsburger Heilig-Geist-Spital errichtete Holl 1612 in Lützelburg den Chor und den Turm der Kirche St. Georg.

17. Jahrhundert fanden Um- und Anbauten statt (Rundbogenfenster mit Okuli, Sakristei, Turm). Nach der teilweisen Zerstörung bei der Beschießung Augsburgs durch belagernde französische und bayerische Truppen im Spanischen Erbfolgekrieg wurde 1712 ein mit Unterstützung der Fugger errichteter Neubau geweiht.

Das Dorf Oberhausen war ein Besitz des Hochstifts Augsburg. Holl baute 1619 die dortige Kirche St. Peter und Paul um.

In Dillingen begutachtete Elias Holl Baupläne für St. Peter, die zweite Bischofskirche des Bistums Augsburg.

Mehrere Ausstattungsstücke aus der Erbauungszeit blieben erhalten, so eine 1608 datierte „Beweinung" von Joseph Heintz (rechter Seitenaltar), in deren Nachstich Matthäus Welser als Bauherr benannt wird, ein „Martyrium des Hl. Sebastian" (linker Seitenaltar) und ein „Engelsturz" Johann Matthias Kagers (um 1605/13). Kagers Bild kam erst Anfang des 18. Jahrhunderts – wohl aus der Michaelskapelle der Fugger in St. Ulrich und Afra – in den von den Fuggern bezahlten Hochaltar der Friedhofskirche St. Michael.

Nachdem Holl 1609 für Fürstbischof Konrad von Gemmingen das Schloss in Eichstätt errichtet hatte, lagen im folgenden Jahr Planungen für eine zugehörige Heilig-Grab-Kapelle vor. Wiederholt wurde Holl auch von Lutheranern zu Arbeiten herangezogen, so in den Jahren 1605 und 1616 von den Pfalzgrafen in Neuburg – Philipp Ludwig und Wolfgang Wilhelm – zur Begutachtung der dortigen St.-Peter-Kirche.

Der Bau von Kirchen blieb für Elias Holl nur eine Marginalie

Obgleich häufig in kirchliche Bauaufgaben involviert, blieb der eigentliche Kirchenbau für Elias Holl eher marginal. Die Errichtung oder Renovierung von Türmen, inklusive Kirchtürmen, sowie deren statische Begutachtungen gehörten jedoch dank hervorragender technischer Fähigkeiten zu seinen speziellen Aufgaben. 1611 lieferte Elias Holl einen Grund- und Aufriss für die katholische Kirche St. Sebastian, einen einfachen Bau mit Sakristei, Mesnerhaus sowie Siechenhäusern, der aber schon 1632 zerstört wurde (Neubau 1643, 1722/24 durch Barockbau ersetzt, 1907 neuromanische Kirche). 1630 war Holl nach eigenen Angaben damit beschäftigt, die Servatiuskirche beim Siechenhaus vor dem Roten Tor im Inneren für den katholischen Gottesdienst auszubauen. Zudem musste das Siechenhaus renoviert werden.

Für St. Wolfgang vor dem Wertachbruckertor, eine alte Siechenhauskapelle, die 1568 und 1613 von den Protestanten wieder aufgebaut wurde, zeichnete Elias Holl einen Grundriss und einen Fassadenentwurf. Das von einem Dreiecksgiebel gekrönte Portal wurde von zwei Rundbogenfenstern gerahmt. Im Giebelfeld darüber saß ein Rundfenster. Als Besonderheiten erwähnte Holl geometrische Stuckmotive, Rosetten im Inneren sowie einen sechseckigen Glockenturm (1646 abgebrannt).

Im Jahr 1609 setzte Holl am Südturm des Doms im Auftrag der Augsburger Domherren Verstrebungen ein und deckte ihn neu. 1613 nahm er Ausbesserungsarbeiten an der Heilig-Kreuz-Kirche vor. 1619 wurde er beim Bau des Kirchturms von St. Stephan (im 18. Jahrhundert erneuert) um Rat gefragt. Er renovierte auch die (1944 weitgehend zerstörte) Barfüßerkirche. Nachdem 1609 mit dem Neubau der damals zum Heilig-Geist-Spital gehörenden Kirche St. Georg in Lützelburg bei Gablingen – ein flachgedeckter Saalbau – begonnen worden war, errichtete Elias Holl 1612 den dreiseitig geschlossenen Chor mit Pilastergliederung sowie den schlanken Satteldachturm (1622 durch einen Brand zerstört, 1641 Erneuerung, 1761 Umgestaltung des Inneren).

Auch am Umbau der gotischen Kirche St. Peter und Paul im heutigen Augsburger Stadtteil Oberhausen war Holl beteiligt. 1619 setzte er auf den romanischen Turmunterbau mit Rundbogenfries ein Glockengeschoss mit Biforen, darüber ein Oktogon mit Zwiebelhaube, nach dem Vorbild der Rathaustürme (1698 Umbau, 1944 beschädigt, danach Wiederaufbau).

Für St. Peter am Perlach entwarf Elias Holl mit Dreiecksgiebeln verzierte Portale.

1626 lieferte Elias Holl Zeichnungen für Umgestaltungsmaßnahmen an der im Kern romanischen Bürgerkirche St. Peter am Perlach beim Rathaus. Nach seinem Entwurf wurden den Eingängen – je einer an der Süd- und an der Nordseite der Kirche – rustizierte, mit Dreiecksgiebeln gekrönte Portale vorgesetzt.

Mit dem Heilig-Geist-Spital plante Elias Holl am Ende seiner Amtszeit auch die dortige Heilig-Geist-Kapelle.

Ein Kupferstich von Gabriel Bodenehr zeigt das Stadtbild der Residenzstadt Neuburg an der Donau um 1720. Auch an diesen (zu Holls Zeiten pfalz-neuburgischen) Hof wurde Elias Holl als Berater gerufen.

Auswärtige Gutachten Holls: Neuburg, Würzburg, Dillingen und Innsbruck

Holl wurde nach seinem Amtsantritt als Stadtwerkmeister in der Reichsstadt Augsburg des Öfteren als Gutachter bei auswärtigen Bauprojekten herangezogen. Vermutlich aufgrund ihrer Tätigkeit in Haunsheim für den dortigen Auftraggeber Zacharias Geizkofler wurden Elias Holl und sein Kollege Joseph Heintz an den pfalz-neuburgischen Hof in dessen Residenzstadt Neuburg an der Donau empfohlen.

In seinen Aufzeichnungen erwähnt Elias Holl, dass er von dem protestantischen Pfalzgrafen Philipp Ludwig (1547 – 1614) gerufen wurde, um den in Schräglage geratenen Turm der St.-Peters-Kirche zu begutachten. Auch die Meinung des Ulmer Werkmeisters Hans Schmid wurde eingeholt. Bei seinem Aufenthalt in Neuburg im Mai 1605 fertigte Holl einen Riss des Kirchturms. Der Turm wurde allerdings trotz Baufälligkeit nicht saniert. Als er 1641 schließlich einstürzte, wurde die Kirche beschädigt und von 1641 bis 1647 neu gebaut.

1602 hatte der Würzburger Fürstbischof Julius Echter in Augsburg angefragt, ob Stadtwerkmeister Elias Holl beim Wiederaufbau des Nordflügels der Festung Marienberg beraten könne.

Bereits im Jahr 1607 war in Neuburg mit dem Bau der Hofkirche begonnen worden, wobei hier Joseph Heintz und Johann Alberthal – beide hatten wiederholt im Umkreis Elias Holls gearbeitet – als planende und ausführende Meister genannt werden. Elias Holl wurde 1616 nochmals nach Neuburg geholt, um zusammen mit Kollegen den nun katholischen Landesherrn Wolfgang Wilhelm (1572–1653) bei der Erneuerung und Erweiterung der „Sternschanze" an der Donau zu beraten.

1602 hatte der Würzburger Fürstbischof Julius Echter über Markus Welser bei der Stadt Augsburg anfragen lassen, ob Elias Holl für ihn tätig werden könnte. Ein Brand hatte 1600 den Nordflügel der Festung Marienberg zerstört: Echter suchte nach einem Baumeister. Herzog Wilhelm V. von Bayern hatte Wendel Dietrich empfohlen, der aus Altersgründen ablehnte. Seit dem Jahr 1601 betreute Jakob Wolff der Ältere – Steinwerkmeister der Reichsstadt Nürnberg – die Baustelle auf dem Marienberg. Da Holl nur für wenige Wochen freigestellt worden wäre, konnte er die Bauleitung nicht übernehmen. 1604 war noch einmal ein Augsburger Baumeister in Würzburg – es

In der Donaustadt Dillingen, dem Residenzort der Augsburger Fürstbischöfe, beriet Elias Holl beim Bau der damaligen Jesuitenkirche Mariä Himmelfahrt.

ist nicht zu klären, ob es sich dabei um Elias Holl oder vielleicht um Joseph Heintz handelte. Jakob Wolff führte vermutlich die Bauarbeiten auf der Festung Marienberg zu Ende.

Holl als Berater in Dillingen

Die Verbindung zu den Augsburger Domherren, aber auch die bewährte Zusammenarbeit mit dem ursprünglich aus Graubünden stammenden und in Dillingen ansässigen Johann Alberthal (1619 – 1628) mögen dazu geführt haben, dass Elias Holl auch in Dillingen als Berater genannt wird. Dort – in der Residenzstadt der Augsburger Bischöfe – hatte man 1606 mit Planungen für die Studienkirche beim Jesuitenkolleg begonnen. Der Neubau wurde 1610 bis 1617 von Alberthal ausgeführt. Eine Beteiligung von Heintz und Holl wird angenommen.

Auch beim Bau der Stadtpfarrkirche St. Peter nach Plänen von Alberthal war Holl als Gutachter tätig. 1625 kam er nochmals nach Dillingen, um den Dachstuhl über dem 1557/58 errichteten Kolleggebäude zu begutachten. Der Neubau erfolgte in den Jahren von 1628 bis 1632 wieder durch Johann Alberthal.

Auch für die Jesuitenkirche in Innsbruck erstellte der aus Augsburg angereiste Baumeister Elias Holl ein Gutachten, nachdem der Vorgängerbau 1626 eingestürzt war.

Gerade die Tätigkeit des protestantischen Baumeisters Elias Holl für den Bischof – der wegen des in Augsburg so stark aufkommenden Protestantismus an die Donau ausgewichen war – belegt eindrucksvoll, wie wenig die Konfession eines gefragten Baumeisters eine Rolle spielte. Schließlich war der Auftraggeber – Heinrich von Knöringen, Augsburger Bischof von 1599 bis 1646 – ein Hardliner, dessen Unnachgiebigkeit gegenüber den Protestanten wenige Jahre zuvor maßgeblich zum Ausbruch des Dreißigjährigen Kriegs beigetragen hatte.

Holl als Gutachter in Innsbruck

Alberthal, der außer für die Jesuiten vor Ort auch für den Bischof in Eichstätt und den Herzoglichen Hof in Neuburg tätig war, hatte wohl die Bauleitung für die Jesuitenkirche in Innsbruck übernommen. Als der nach Dillinger Vorbild von 1619 bis 1622 errichtete Hallenbau 1626 einstürzte, da die Fundamente nicht tragfähig genug waren, wurden Holl und der Salzburger Architekt Santino Solari um ein Gutachten gebeten. Der Innsbrucker Neubau erfolgte schließlich von 1627 bis 1633.

ELIAS HOL
* 1573 + 1646
STADTBAUMEISTER
ZU AUGSBURG. BAUTE

Intoleranz, Krieg, Undank: Elias Holls letzte Jahre

In der Zeit des Glaubensstreits wurde der Protestant Elias Holl nach dem kaiserlichen Restitutionsedikt von 1629 aus dem Amt des Stadtwerkmeisters entlassen. Die Reichsstadt prellte ihren verdienten Baumeister nun auch noch um einen Großteil seines Vermögens.1646 verstarb Elias Holl, geplagt von Krankheiten und einquartierter Soldateska, in seinem Haus in der Augsburger Kapuzinergasse.

Das Heilig-Geist-Spital neben dem Roten Tor und dem Oberen Wasserwerk der Reichsstadt Augsburg war das letzte große Bauvorhaben von Stadtwerkmeister Holl.

In den Zeiten des Dreißigjährigen Kriegs: die späten Jahre Elias Holls

Das mächtige Augsburger Heilig-Geist-Spital war das letzte große Werk Elias Holls im Amt des Stadtwerkmeisters

Elias Holls Amtszeit fiel mit einer erstaunlichen Blüte und Fülle öffentlicher Bauaufgaben zusammen. Es war aber auch eine Zeit, die von konfessionellen Auseinandersetzungen und Not geprägt wurde. Krankheiten, auch Hunger und Teuerung, bedingt durch die Klimaverschlechterung ab der Mitte des 16. Jahrhunderts (die „Kleine Eiszeit") plagten die Menschen. Überdies hatten sich die finanziellen Nöte der Reichsstadt Augsburg erheblich verschärft.

Mit der Reformation – der sich ein großer Teil der Augsburger Bevölkerung angeschlossen hatte – und nach dem 1555 vereinbarten Religionsfrieden erlebte die Reichsstadt eine Epoche der relativ geordneten und friedlichen Koexistenz von Katholiken und Protestanten. In den politischen Wirren im Reich seit dem Ausbruch des Dreißigjährigen Kriegs 1618 konnte Augsburg bis 1628 weitgehend seine Neutralität wahren.

Das Frauentor beim Dom wurde von Elias Holl umgestaltet und mit den Wandmalereien des Augsburger Stadtmalers Johann Matthias Kager verziert.

Arbeit an Stadttoren und Mauertürmen

Elias Holl war im Jahr 1618 – noch während der Bauarbeiten am Rathaus – mit seiner Familie in die feinere Oberstadt gezogen (Kapuzinergasse 16). Parallel zu den anspruchsvollen Bauunternehmungen hatte er als Stadtwerkmeister immerwährend auch technische Bauwerke sowie den Ausbau der Wasserversorgung, den Kanal- und Brückenbau sowie Arbeiten an der Stadtbefestigung zu betreuen.

Insbesondere der in den Jahren zwischen 1519 und 1559 errichtete Mauerring um die Stadt mit den Eckbastionen erforderte ständige Nachbesserungen. Elias Holl berichtet in seiner Chronik für den Zeitraum von 1605 bis 1625 von Arbeiten an sechs von insgesamt zehn Stadttoren und von der Erneuerung von sieben Mauertürmen. Die Stadtmauer selbst musste an vielen Stellen renoviert und Basteien mussten verbessert werden. Vor dem Gögginger Tor und dem Klinkertor waren Brücken über den Stadtgraben zu bauen. Auch Teile der innerstädtischen Mauer wurden erhöht und die Tore (Barfüßertor, Frauentor und das Heilig-Kreuzer-Tor) umgestaltet.

Die Inschrift über dem Portal des Heilig-Geist-Spitals verrät heute den Namen des Baumeisters – Elias Holl. Auch im Text dieser Zeilen wird der Stadtwerkmeister Holl fälschlicherweise als Stadtbaumeister bezeichnet.

Von den zahlreichen Zweckbauten, die Holl im Lauf seines Lebens ausgeführt hat, haben sich nur wenige erhalten. Dazu gehören zwei Stadel im früheren Werkhof (Johannes-Haag-Straße 27, heute städtischer Bauhof). Die Stadel wurden wohl zur Lagerung von schweren Lasten errichtet. Sie verfügen im stützenlosen Erdgeschoss teils noch über alte Steinböden sowie über einen zwei- beziehungsweise dreigeschossigen Dachstuhl mit Aufzugsöffnungen. Ein drittes, größeres Gebäude mit Resten von Mittelpfeilern im Erdgeschoss geht wahrscheinlich auch auf Holl zurück. In der Hauschronik berichtet er vom Bau dieser Lechhütten (1611) und einer Sägemühle (1630) an diesem Platz.

Holls letzter großer Zweckbau

Größere Baustellen waren 1622 der Umbau des Gögginger Tors und der Neubau des Roten Tors gewesen. Insgesamt bekam jedoch auch Elias Holl die angespannte Finanzlage der Reichsstadt durch den Rückgang an Aufträgen zu spüren. Die Errichtung des Heilig-Geist-Spitals beim Roten Tor in den Jahren zwischen 1625 und 1630 sollte schließlich der letzte bedeutende Auftrag der

Mit der Vierflügelanlage des Heilig-Geist-Spitals entstand ein Innenhof mit Pfeiler- und Blendarkaden.

Reichsstadt Augsburg an den verdienten, 1602 bestallten Stadtwerkmeister werden.

1625 bis 1630: das Heilig-Geist-Spital

Nach der Umgestaltung des Roten Tors übernahm Elias Holl in unmittelbarer Nähe eine weitere große Aufgabe. Das spätgotische Heilig-Geist-Spital (1540), ein von Laienbrüdern geführtes Armenhaus, zeigte räumliche Mängel. Bereits 1623 dachte man an einen Neubau, wobei in der Planung auf praktische Nutzbarkeit Wert gelegt wurde.

Nachdem im Jahr 1625 mit dem Abbruch begonnen worden war und Teile des alten Gebäudes zusammengebrochen waren, wurde im folgenden Jahr der Bau eines neuen Spitals nach Entwürfen Elias Holls in Angriff genommen. Bis 1630 arbeitete Holl an der vierflügeligen Anlage, die – nach seiner Entlassung aus dem Amt des Stadtwerkmeisters – sein Nachfolger Jörg Höbel bis zum Jahr 1631 vollenden sollte.

In Anlehnung an den Vorgängerbau entstand zunächst an der Spitalgasse, zum Teil wieder über dem gemauerten Kanalbett des

Das Sandsteinepitaph mit dem Porträt Elias Holls, zu sehen am Anwesen Elias-Holl-Platz 2, wurde nach einem Stich von Lucas Kilian gefertigt.

vom Brunnenbach gespeisten Vorderen Lechs, ein langer, zweigeschossiger Bau mit steilem Satteldach. In der Mittelachse öffnet sich ein von Pilastern gerahmtes Portal, das mit einer Inschriftentafel und einem Fenster darüber architektonisch verbunden ist. Die Südseite des Heilig-Geist-Spitals betont ein Aufzugsgiebel mit einem sechseckigen Dachreiter (Anbau 1725).

Durch einen Torbau im Norden neben der ehemaligen Spitalmühle erreicht man den länglichen Innenhof mit dem Treppenturm. Die Flügel sind dort unregelmäßig durch kolossale gestufte Pfeiler- beziehungsweise Blendarkaden mit eingeschossigen Rundbogenöffnungen gegliedert, und das obere Stockwerk – das einst eine offene Loggia war – durch Pilaster.

Den Westbau durchzieht eine dreischiffige, 13 Joche lange Halle. Über den quadratischen Pfeilern mit abgerundeten Ecken und den Kapitellen mit spätgotischen Spitzkonsolen erhebt sich ein Kreuzgratgewölbe. Der Raum erinnert damit eher an die frühe massive Wölbung im Gießhaus als an die elegante toskanische Säulenhalle im Zeughaus.

Ursprünglich waren vier Joche im Süden für eine Kapelle abgetrennt (heute zwei Joche). Während das Erdgeschoss des Spitals für die Frauen reserviert war, befanden sich im Obergeschoss Räume für die Männer. Nach mehrfachen Veränderungen im

Inneren wird seit einem Umbau in den Jahren 1999/2000 das gesamte Erdgeschoss von der Marionettenbühne der Augsburger Puppenkiste sowie für ein Bistro genutzt. Im Stockwerk darüber ist heute das Puppentheatermuseum „die Kiste" untergebracht.

Die Toleranz endete 1629 mit dem kaiserlichen Restitutionsedikt

Als im Jahr 1629 das Restitutionsedikt Kaiser Ferdinands II. durchgesetzt wurde, fand auch in Augsburg eine rigorose Rekatholisierung statt: Die protestantischen Kirchen wurden geschlossen und deren Gläubige zum Konvertieren oder zur Aufgabe öffentlicher Ämter gezwungen. Mit dem kaiserlichen Erlass wurde die radikale Polarisierung zugunsten der Katholiken durchgesetzt. Elias Holl bekannte sich ausdrücklich zum reformierten Glauben. Diese Standhaftigkeit kostete ihn seine Stellung als Stadtwerkmeister.

Im Januar 1631 wurde Holl beurlaubt

In seiner Chronik schreibt Holl von Vermessungsarbeiten, die er noch im Laufe des Jahres 1630 bei der Barfüßerkirche, beim Friedhof von St. Stephan, bei der Kirche St. Salvator und bei St. Anna durchgeführt habe. 1630 berichtet er vom Bau einer Sägemühle bei den Lechhütten am Proviantbach, der sehr gut gelungen sei.

In den 15 Jahren zuvor hatte Elias Holl seine Ersparnisse – insgesamt 12 000 Gulden – bei der Stadtkasse verzinslich angelegt. Nun, da ihm die Entlassung aus dem Amt drohte, forderte er sein Geld zurück. Vermutlich waren die Kassen leer. Man redete sich mit Geldwertverlusten heraus und wollte nicht zahlen. Erst nach wiederholten Bitten und Eingaben erhielt Holl gerade einmal ein Viertel des ursprünglich bei der Reichsstadt angelegten Geldes zurück.

Am 20. Januar 1631 wurde Holl offiziell aus dem Dienst verabschiedet – „beurlaubet" schreibt er in der Hauschronik. Er erhielt ein Schreiben, in dem seine langjährigen Dienste für die Stadt anerkannt wurden. Man kann sich aber vorstellen, dass der Ärger über den Geldverlust und die Enttäuschung über die Umstände seiner Entlassung Elias Holl nicht wenig verbitterten.

1632 – die Schweden machen Elias Holl noch einmal zum Stadtwerkmeister

Nach dem Sieg der Schweden unter Gustav II. Adolf über die von Graf Tilly geführten Truppen der katholischen Liga bei Rain am Lech im Jahr 1632 war Süddeutschland in die Hände der evangelischen Union gefallen. Nach der kampflosen Übernahme Augsburgs erhielten die Protestanten ihre Kirchen und Ämter zurück. Holl wurde während der Zeit der schwedischen Besetzung wieder in den städtischen Dienst übernommen: Er arbeitete jetzt vor allem an der Fortifikation.

1635 wird Stadtwerkmeister Holl zum zweiten Mal aus dem Amt entlassen

Doch schon das Jahr 1635 brachte Belagerung, Hungersnot und schließlich die Übergabe der Stadt an die Kaiserlichen. Es wurde der Status von 1629 wiederhergestellt. Elias Holl verlor jetzt endgültig seine Anstellung. Überdies hatte er den Tod seiner Ehefrau Rosina zu beklagen. Drei seiner Söhne – Elias, Hieronymus und Hans – waren mit den schwedischen Truppen nach Norden gezogen. Elias Holl musste nun Einquartierungen erdulden und Kontributionen leisten. Im folgenden Jahrzehnt war er vor allem mit der Niederschrift seiner Hauschronik und dem Verfassen seines „Geometrie- und Messbuchs" beschäftigt. Nur noch gelegentlich war Holl als Baumeister für die Stadt tätig.

Holl stirbt am 6. Januar 1646

Der letzte Eintrag in Elias Holls Hauschronik datiert aus dem Jahr 1644. Anfang Januar 1646 verstarb der ehemalige Stadtwerkmeister. Ein Teil seines Nachlasses, Bücher und Instrumente, ging an den Hof von Herzog August d. J. in Wolfenbüttel.

Die sterblichen Überreste Holls wurden auf dem Protestantischen Friedhof vor dem Roten Tor beigesetzt. Ein überdimensionierter Zirkel auf der Grabplatte kennzeichnet die letzte Ruhestätte des Erbauers des Augsburger Rathauses. Der von Eiben gerahmte Grabstein hält seinen Namen und seine Lebensdaten fest: „Elias Holl | geb. 28. Feb. 1573 | gest. 6. Jan. 1646".

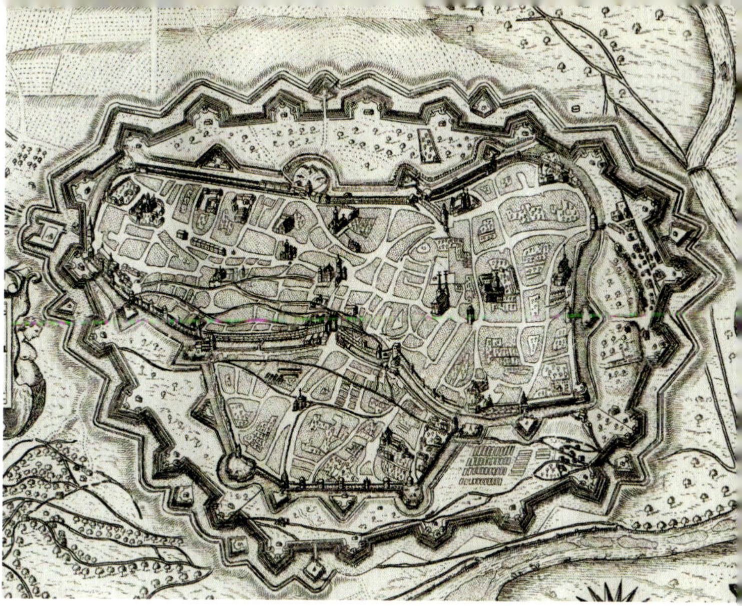

Ein Stich Wolfgang Kilians zeigt, wie Holl nach den Vorstellungen der schwedischen Besatzer Augsburg hätte befestigen sollen.

Elias Holls verlorene Festigungsbauten

Holls Arbeiten ab den späten 1620er Jahren sind wenig fassbar und bis auf Ausnahmen nicht beschrieben. Ein Schwerpunkt dürfte der Ausbau der Befestigungsanlagen gewesen sein. Als 1632 die Schweden die Stadt besetzten und Holl wieder ins Amt berufen wurde, sollte die veraltete Befestigung durch gigantische äußere Fortifikationen ergänzt werden. Unter Zeugmeister Leonhard Weiß wurde ab 1633 die innere Stadtmauer durchbrochen, äußere Mauerabschnitte wurden verstärkt und Bastionen, Wälle und Gräben nach „niederländischem System" im Norden, Osten und Süden angelegt. Welche Aufgaben Holl, der von viel Arbeit berichtet, übernommen hat, ist nicht genau überliefert. Mit dem Abzug der Schweden 1635 und der Einnahme der Stadt durch die Katholiken wurde Holl erneut entlassen. Die Arbeiten an der inneren Stadtumwallung wurden von den kaiserlichen Truppen bis 1637/38 fortgesetzt. Die weitläufigen äußeren Schanzen, die sich schon in der Schwedenzeit als unpraktisch erwiesen hatten, verwahrlosten. 1645 begann man mit der Niederlegung der äußeren Werke. Nur einige Ravelins zur Absicherung der Tore blieben erhalten.

Ein Zirkel auf seiner Grabstelle auf dem Protestantischen Friedhof erinnert an den im Jahr 1646 verstorbenen Augsburger Stadtwerkmeister Elias Holl.

Elias Holls Nachkommen: Lebenswege zwischen Schweden und Wien

Elias Holl entstammte einer großen Augsburger Handwerkerfamilie. Bereits sein Urgroßvater war als Maurer in der Stadt am Lech tätig gewesen. Sein Vater Hans Holl hatte in zwei Ehen 13 Söhne und sieben Töchter gezeugt, von denen viele bereits im Kindesalter verstarben. Der ältere Jonas und der jüngere Esaias erlernten wie Elias Holl das Maurerhandwerk.

Elias Holl hatte in seiner ersten Ehe mit Maria Burkart acht Kinder, von denen zwei das Erwachsenenalter erreichten. Johannes (1597–1614) wurde Goldschmied. Die Tochter Rosina (geboren 1602) verheiratete sich 1623 mit dem Goldschmied Hanns Paulus Maulbronner. 1627 erbte sie von ihrer Tante, der Ehefrau des Augsburger Stadtgießers Wolfgang Neidhart, ein stattliches Vermögen.

Elias Holls zweite Frau Rosina Reischler gebar ihm insgesamt 13 Kinder. Vier dieser Kinder verstarben noch im Kindesalter.

Elias (1611–1657) lernte zunächst Maurer und schloss daran eine Malerlehre an. Im Jahr 1635 verließ er mit zwei jüngeren Brüdern Augsburg, um der drohenden Übergabe an die Kaiserlichen zu entgehen. Mit den schwedischen Truppen zog er bis nach Leipzig.

Der Kupferstecher Elias Holl

1638 ist Elias Holl jun. in Nürnberg nachweisbar, wo er für den Verlag des Paulus Fürst arbeitete. Als Kupferstecher fertigte er Flugblätter und kopierte das Monatsbüchlein des Christoph Richter von Altenburg aus dem Jahr 1631. Ein Exemplar davon ist im Germanischen Nationalmuseum Nürnberg erhalten, ein weiteres in Wien.

Nach Abschluss des Westfälischen Friedens 1648, der auch in Augsburg die Parität garantierte, entschloss sich Elias Holl jun. wohl zur Rückkehr nach Augsburg. Sein Vater war 1646 verstorben und hatte unter anderem zwei Häuser hinterlassen. 1651 ist der Maler Elias Holl in den Steuerbüchern der Stadt verzeichnet und das Hochzeitsamt bestätigt eine Vermählung mit Anne Maria Ernst. Doch bereits wenige Jahre später, 1657, starb der Sohn des ehemaligen Stadtwerkmeisters. Er hinterließ wiederum einen Sohn mit dem Namen Elias (nach 1651–1695). Anne Maria Holl heiratete in zweiter Ehe 1661 einen Goldschmied namens Arttinger aus Regensburg.

Ein Goldschmied in Danzig: Hieronymus Holl

Mit Elias jun. hatte auch der Bruder Hieronymus (1614–1679) die Stadt verlassen. Er hatte das Goldschmiedehandwerk erlernt und war auf dem Weg nach Norden wohl bis nach Danzig gelangt. Dort arbeitete er ab 1644 bei einem Goldschmied, reichte 1649 sein Meisterstück ein und erwarb schließlich 1651 das Danziger Bürgerrecht. Die Familie des Hieronymus Holl ist in Danzig noch bis um das Jahr 1800 nachweisbar.

Als dritter Bruder hatte sich der Schreiner Johannes Holl (geboren 1616) anno 1635 den schwedischen Truppen angeschlossen. Das weitere Schicksal des „Kistlers" Hans ist ungeklärt, er gilt als verschollen.

Die Inschrift am Grabmal auf dem Protestantischen Friedhof hält die Lebensdaten Elias Holl fest: Er wurde am 28. Febuar 1573 geboren. Der 6. Januar 1646 war sein Todestag.

Kinder Elias Holls in Schweden und Wien

Lediglich einer der jüngeren Söhne Elias Holls, die zunächst in der Reichsstadt Augsburg geblieben waren, hat später das Handwerk seines Vaters ausgeübt. Matthäus Holl (1620–1681) war gelernter Uhrmacher und kam wahrscheinlich 1648 über Danzig bis nach Schweden. Er arbeitete dort als Baumeister für den Grafen Magnus Gabriel De la Gardie. Christoph Holl (1619–1651) und Christianus Holl (1627–1686), der jüngste, wurden Goldschmiede. Anna Regina (1613 geboren) heiratete 1633 Bernhard Ehinger. Zwei Töchter Holls gingen nach Wien: Sara (1615–1656) heiratete Andreas Hamburg und die 1622 geborene Sabina wurde die Ehefrau Daniel Neuburgers, eines Wachspoussierers.

Der Name Elias Holl taucht noch einmal im 18. Jahrhundert in Augsburg auf. 1708 übernahm ein Augsburger Maler, Glaser und Bildhauer die Meistergerechtigkeit seines Vaters. Ob es sich hier um Nachfahren der Baumeisterfamilie handelt und ob es andere Nachkommen gibt, steht bislang nicht fest.

Ist er es oder ist er es nicht? Ob dieser Maskaron – eine Steinmetzarbeit in der Toskanischen Säulenhalle des Zeughauses – tatsächlich die Gesichtszüge Elias Holls zeigt, ist eine der ungeklärten Fragen um den Augsburger Stadtwerkmeister.

Ungelöste Rätsel um Elias Holl – in Mainz, Bratislava und Mindelheim

In den Jahren der Beurlaubung und nach seiner Entlassung aus den städtischen Diensten war Elias Holl als Privatbaumeister tätig. Für 1630 erwähnt er diverse Vermessungsarbeiten und den Bau einer Sägemühle. Mit welchen Aufgaben er die Jahre 1631 und 1632 bis zu seiner Wiedereinstellung (Mai 1632) verbrachte, berichtet er nicht im Einzelnen.

Spekulationen in Mainz

Dies gab Anlass zu Spekulationen. 1904 hatten der Bildhauer Ludwig Lipp und der Mainzer Friedrich Schneider, der die Baugeschichte des kurfürstlichen Schlosses in Mainz untersuchte, an der Hofseite des älteren Bauwerks bei den Fensterverdachungen des zweiten Stockwerks das plastische Rundbild eines bärtigen Mannes begutachtet und eine Ähnlichkeit mit Elias Holl festgestellt. Schneider vermutete nun (und versuchte dies durch den Vergleich mit der Chronik zu verifizieren), dass

Holl in den Jahren nach seiner Entlassung nach Mainz gereist sein könnte, um den Anbau an die Martinsburg unter dem Mainzer Kurfürsten und Erzbischof Anselm Casimir Wambold zu Umstadt (1629 – 1631) zu leiten.

Berücksichtigt man die Tatsache, dass Holl sein Amt verloren hatte, weil er nicht zum katholischen Glauben übertreten wollte, so ist es sehr unwahrscheinlich, dass er in Mainz ausgerechnet für den dortigen Erzbischof gearbeitet haben soll. Auch eine absichtliche Unterschlagung dieser Arbeit in seiner sonst so ausführlichen Hauschronik anzunehmen, erscheint abwegig. Die neuere Forschung schließt überdies eine solche Zuschreibung auch stilistisch aus. Es wird aber auch so argumentiert: Eben weil der Protestant Elias Holl für einen katholischen Erzbischof gearbeitet habe, sei es plausibel, dass er diese Arbeit in Mainz in seinem Tagebuch unterschlagen hat.

Beteiligung an Planungen für das Schloss in Pressburg?

Elias Holl hatte bei verschiedenen Projekten mit dem Baumeister Hans Alberthal (um 1575–1657) zusammengearbeitet, etwa in Haunsheim und Eichstätt, Dillingen und Innsbruck. Alberthal war um 1635, wohl über Augsburger Künstler und auf den Handelswegen der Fugger, nach Pressburg (Bratislava) gekommen, wo er nun den Umbau des Schlosses betreute. Die alte Anlage befand sich – ähnlich wie Eichstätt – auf einem Bergsporn. In den quadratischen Baukomplex mit seinen vier Ecktürmen, von dem lediglich noch die Mauern erhalten sind, scheinen auch Holl'sche Baugedanken eingeflossen zu sein. In Archiven haben sich allerdings keine Unterlagen über eine Zusammenarbeit von Alberthal und Holl in Pressburg erhalten. Holl hatte aber wohl bereits zuvor für die Residenz der Pressburger Jesuiten gearbeitet und zumindest das dortige Portal geplant.

Johannes Holl: ein bauender Laienbruder der Jesuiten

Wiederholt wird im Zusammenhang mit verschiedenen Bauaufgaben der Jesuiten Johannes Holl (1595–1648), ein

Schloss Pressburg (in Bratislava in der Slowakei) auf einer Abbildung aus der Mitte des 18. Jahrhunderts. Die stilistische Nähe zur Architektur des Schlosses in Eichstätt lässt an eine planerische Mitwirkung Elias Holls denken.

Laienbruder der Jesuiten, als Baumeister genannt: So 1624 in Ingolstadt beim Umbau der Kollegskirche, in Mindelheim beim Langhausneubau der Jesuitenkirche Mariä Verkündigung (1625/26), in Dillingen bei der Planung des neuen Universitätsgebäudes 1628 sowie schließlich in Landshut (von 1631 bis 1641) bei der Bauleitung von St. Ignatius.

Dort wurde Johannes Holl, ein gelernter Schreiner, 1648 in der Gruft der Kirche bestattet. Es wäre zu prüfen, ob es sich bei ihm womöglich um einen Neffen Elias Holls gehandelt haben könnte, einen Sohn seines älteren Bruders Johannes.

Jakob Holl: Baumeister aus Niederschönenfeld

Im oberbayerischen Dorf Rennertshofen – nahe Neuburg an der Donau – baute in den Jahren zwischen 1702 und 1719 ein gewisser Jakob Holl aus Niederschönenfeld an der katholischen Pfarrkirche St. Johannes Baptist. Ob dieser Baumeister in irgendeiner Weise mit dem Augsburger Elias Holl verwandt war, ist heute jedoch nicht mehr bekannt.

Im Jahr 1619 schuf der Augsburger Kupferstecher Lucas Kilian das Porträt von Elias Holl – es ist die bekannteste Darstellung.

Wie Elias Holl aussah? Die zeitgenössischen Porträts

Ein Kupferstich des Augsburger Meisters Lucas Kilian prägt das Bild Elias Holls bis auf den heutigen Tag

Die vielen in Augsburg erhaltenen Bauten legen Zeugnis ab vom beruflichen Fleiß des Stadtwerkmeisters, zahlreiche Schriften und Zeichnungen geben Aufschluss über sein architektonisches Vorgehen. Persönliche Werkzeuge des Handwerkers veranschaulichen seine Arbeit. Doch wie sah er aus, dieser Elias Holl? Bilder von Baumeistern aus dieser Zeit sind eher selten. Die früheste Darstellung von Elias Holl ist wohl ein Ölgemälde eines unbekannten Künstlers aus dem Jahr 1613. Das 102 mal 85,5 Zentimeter große Gemälde gehört heute zum Bestand der Kunstsammlungen und Museen Augsburg. Das Porträt zeigt Holl, damals knapp 40 Jahre alt, als Privatmann – also ohne Attribute seines Berufs.

Sechs Jahre später – 1619 – entstand das bekannteste Bildnis von Elias Holl – ein Kupferstich des Augsburger Künstlers Lucas Kilian (1579 – 1637). Kilian hatte Holl zunächst in einer Kohlezeichnung porträtiert (Kopenhagen, Kunstmuseum) mit einem abgerollten

Plan in beiden Händen. Der wohl danach gefertigte Stich lässt auf diesem Plan nun auch die bekanntesten Bauwerke Holls, das neue Rathaus und den Perlachturm, erkennen. Wie die Inschrift im Rahmen vermerkt, widmete Lucas Kilian dieses Bild dem angesehenen Architekten Holl aus Liebe und Freundschaft, „amoris et benevolentiae".

Gleich zweimal sollte Elias Holl wenig später im fertiggestellten Rathaus bildlich vertreten sein: Für das westliche Rundbild in der Decke des Goldenen Saals, eine Allegorie zum Thema „Civitates conduntur" (Städte werden gegründet), hatte der Münchener Hofmaler Peter Candid einen farbigen Entwurf angefertigt, der auf dem programmatischen Konzept des Jesuiten Matthäus Rader fußte. Der Augsburger Stadtmaler Johann Matthias Kager wich jedoch erheblich von Candids Vorlage ab und integrierte lokale Bezüge. Eine Allegorie der Baukunst leitete nun einen Architekten an, der deutlich die Züge von Elias Holl trägt. In Kagers Deckenbild (1944 zerstört und 1968 nach einem alten Farbfoto vom Würzburger Maler Oscar Martin-Amorbach neu gemalt) erläutert Holl mit dem Zirkel den Grundriss des Rathauses, dessen Fassade sich im Hintergrund im Bau befindet.

Um 1620/23 malte Hans Freyberger vier Gemälde für den Oberen Fletz, darunter eine Allegorie des Bauwesens. Dargestellt ist Archimedes auf einem Bauplatz im antiken Syrakus, als er den König von der Notwendigkeit statischer Berechnungen überzeugt. Am rechten Bildrand steht Elias Holl als wissender Vertreter der Augsburger Baukunst und vorbildlich handelnder Baumeister. Für beide Holl-Porträts diente wohl Lucas Kilians Stich als Vorlage.

Der Augsburger Stadtmaler Johann Matthias Kager stellte Elias Holl in einem der Deckengemälde im Goldenen Saal des Rathauses neben einer Personifikation der Baukunst dar.

In den späten 1930er Jahren entstand in der Augsburger Stadtmetzg ein Deckengemälde, das den Architekten dieses Gebäudes in den Mittelpunkt einer Personengruppe stellt.

Späte Würdigung Elias Holls: vom Bankhaus bis zur Ruhmeshalle

Im 19. und 20. Jahrhundert ehrte Augsburg seinen genialen Stadtwerkmeister Elias Holl mit Denkmälern und Malerei

Im späten 19. Jahrhundert besann man sich der Verdienste des Augsburger Stadtwerkmeisters. Nach dem Bildnis von Kilian entstanden nun Büsten von Elias Holl, die zur Fassadengestaltung verwendet wurden. Eine Terrakottabüste ziert den Eckeingang der ehemaligen Bayerischen Staatsbank, seit 1998 HypoVereinsbank, in der Bahnhofstraße 11 (1899 von Albert Schmidt). Am Elias-Holl-Platz 2 entdeckt man an der Fassade des Hauses, in dem das Restaurant „Die Ecke" bewirtet, ein farbig bemaltes Holzrelief und ein Sandsteinrelief – jeweils mit einem Porträt von Elias Holl.

Ein Deckenbild in der Stadtmetzg

Beim Um- und Ausbau der Metzg in den späten 1930er Jahren wurde Elias Holl erneut im Bild festgehalten. Nach dem Auszug der Metzger und einem längeren Leerstand hatte sich die Stadt

An der neobarocken Fassade eines Bankhauses (Bahnhofstraße 11) von 1899 erinnert eine Büste an Stadtwerkmeister Holl.

zu einer Umnutzung als städtisches Verwaltungsgebäude entschlossen. 1937 wurde das Dach abgetragen, das Haus komplett entkernt und dabei auch das 1783 von Johann Joseph Anton Huber gemalte Deckenbild im ehemaligen Akademiesaal entfernt. Ein im Nordteil neu eingerichteter Innenhof wurde mit Glas über-

Stadtwerkmeister Elias Holl im Deckengemälde der Augsburger Stadtmetzg und die Holl-Büste in der Münchener Ruhmeshalle.

Der Augsburger Bildhauer Fritz Koelle schuf 1943 die Büste Elias Holls, die heute im südlichen Treppenhaus des Rathauses steht.

dacht. Türen, Holztreppen und Wandleuchten wurden im Stil der Zeit eingebaut. Das nördliche Treppenhaus erhielt seinerzeit ein neues Deckenfresko. Angelehnt an Johann Freybergers Allegorie des „Bauwesens" im Oberen Fletz des Rathauses steht Holl an der südlichen Längsseite im Mittelpunkt. Zu seiner Linken diskutieren vier Ratsherren Holls Bauplan. Zu ihren Füßen sitzt ein Handwerker mit Schaufel, rechts von Holl sieht man zwei Maurer mit Kelle und Winkel. An den Schmalseiten sind das Siegelhaus und das Zeughaus sowie diverse Allegorien, darunter auch die Stadtgöttin Augusta, zu erkennen. Hat diese Malerei der Würzburger Oskar Martin-Amorbach (1897 – 1978) geschaffen, der schon die Deckengemälde im Goldenen Saal des Rathauses rekonstruiert hat?

Die Koelle-Büste im Rathaus

Bereits im Jahr 1943 war Holl ein Denkmal gesetzt worden. Der Augsburger Bildhauer Fritz Koelle (1895 – 1953) schuf nach Kilians Stich jene Bronzebüste, die sich heute im südlichen Treppenhaus des Rathauses befindet. Direkt gegenüber wurde die Grabplatte der Familie Holl (1622 datiert) in die Wand eingelassen. Geht man im Rathaus vom Unteren Fletz treppab zum Restaurent „Ratskeller", so entdeckt man dort eine 2007 gefertigte Bronzebüste

Eine kleine Bronzebüste im Rathaus ist ein Werk des 2020 verstorbenen Augsburger Restaurators Werner Schwendner.

Elias Holls, welche die Augsburger Bauinnung finanziert hat. Eine Büste Holls aus Gips ist zudem in der Stadtmetzg zu entdecken.

Das Holl-Denkmal auf dem Elias-Holl-Platz

1968 wurde das Holl-Denkmal auf dem Elias-Holl-Platz vor der Ostfassade des Rathauses aufgestellt. An diesem Obelisken wurde eine Bronzeplakette mit dem Porträt Elias Holls angebracht. Die Inschrift listet die Lebensdaten Holls und seine bedeutendsten Augsburger Bauten auf. Auch auf diesem Denkmal wird Holl fälschlicherweise als „Stadtbaumeister" tituliert.

Die Büste Holls in der Münchener Ruhmeshalle

In Augsburg nur wenig bekannt ist, dass Baumeister Holl auch in der Münchener Ruhmeshalle oberhalb der Theresienwiese vertreten ist. Die bis 1853 zeitgleich mit der Bavariastatue erbaute Ruhmeshalle ehrt berühmte Männer aus Altbayern und vor allem aus den 1806 an Bayern gefallenen neuen Landesteilen Franken und Schwaben mit weißen Marmorbüsten. Der bayerische König Ludwig I. versuchte so, die kulturellen Leistungen von Franken und Schwaben für das junge Königreich Bayern zu vereinnahmen.

Augsburger Wege zu Elias Holl

Rathaus und Perlachturm, Stadtmetzg, Zeughaus und Heilig-Geist-Spital: wo man in der Altstadt von Augsburg – zwischen dem Wertachbrucker Tor und dem Roten Tor – die bedeutendsten Bautwerke von Elias Holl und seiner Familie sowie seine Denkmäler findet.

Sehenswertes auf den Spuren der Augsburger Baumeisterfamilie Holl

1 Rathaus

Von Elias Holl geplant, von ihm errichtet von 1615 bis 1620. Darstellung Holls in einem der Deckengemälde des bis 1624 ausgestatteten Goldenen Saals und auf einem der Gemälde im Oberen Fletz, im Treppenhaus Holl-Epitaph und Elias-Holl-Büste.

» **Rathaus und Goldener Saal, Maximilianstraße 1**
geöffnet: Rathaus und Goldener Saal täglich 10 bis 18 Uhr, außer bei Veranstaltungen (Eintritt)
Telefon 08 21/5 02 07-0, www.augsburg-tourismus.de

2 Perlachturm

Im Kern mittelalterlich, von Elias Holl 1614/16 umgestaltet und erhöht, mit Aussichtsplattform und Glockenspiel. Der baufällige Turm ist wohl für längere Zeit ein Sanierungsfall (Stand 2023) .

» **Perlachturm, Rathausplatz**
geöffnet: aktuell für Besucher nicht zugänglich
Telefon 08 21/5 02 07-0, www.augsburg-tourismus.de

3 St. Peter am Perlach

Dreischiffige romanische Hallenkirche, im Inneren von Fuggern bezahlte Kunstwerke, romanischer Christus als Weltenrichter (um 1180), Hochaltarbild Johann Matthias Kagers (1625) und barockes Bild der „Knotenmadonna". Holl gestaltete hier die Portale (1626).

» **St. Peter am Perlach, Rathausplatz 4**
geöffnet: täglich 8 bis 18 Uhr
Telefon 08 21/5 02 07-0, www.sankt-peter-am-perlach.de

4 Neuer Bau

Elias Holl, erbaut 1614 anstelle der alten Stadtmetzg. Vor der Fassade steht der Augustusbrunnen (1594 in Betrieb genommen, Figuren von Hubert Gerhard, ein Objekt des UNESCO-Welterbes).

» **Neuer Bau, Rathausplatz 4**
Außenbesichtigung (im Inneren ein Bekleidungsgeschäft)

5 Elias-Holl-Platz und Elias-Holl-Denkmal

An der Ostseite des Rathauses bis 1890 geschaffener Platz (Blick auf die östliche Rathausfassade) mit dem Elias-Holl-Denkmal. Am 1968 aufgestellten Obelisk ein Bronzerelief mit dem Porträt Elias Holls. Bronzelettern nennen seine wichtigsten Bauwerke.

» **Elias-Holl-Platz**
öffentlich zugänglich

6 Haus Elias-Holl-Platz 2

Sandsteinrelief Elias Holls nach einem Stich von Lucas Kilian, daneben Darstellung Elias Holls (neben Mozart, Holbein d. Ä., Diesel und anderen) auf einer geschnitzten, farbig bemalten hölzernen Tafel am Restaurant „Die Ecke".

» **Elias-Holl-Platz 2**
Fassade öffentlich zugänglich
Telefon 08 21/5 16 00, www.restaurant-die-ecke.de

7 Klosterkirche Maria Stern

Von Hans Holl erbaut von 1574 bis 1576. Der Zwiebelturm der Klosterkirche war der erste Augsburgs mit „welscher Haube".

» **Klosterkirche Maria Stern, Sterngasse 5**
geöffnet: Mo. bis Sa. 7 bis 18 Uhr, So. 9 bis 17 Uhr
Telefon 08 21/32 98-0, www.kloster-mariastern.de

8 Stadtmetzg

Elias Holl, erbaut 1606 bis 1609 als Zunfthaus und mit Verkaufsständen der Metzger. Matthias Kager war an der Fassadengestaltung beteiligt. Der Bau galt als die modernste Fleischhalle ihrer Zeit: Der Vordere Lech – ein vom Lech abgeleiteter Kanal – wurde als Kühl- und Abwasserkanal unter der Stadtmetzg hindurchgeführt. Deshalb ist dieses städtische Verwaltungsgebäude ein Objekt des UNESCO-Welterbes „Augsburger Wassermanagement-System". Im Inneren eine sehenswerte Halle. In diesem Bau stellen eine Gipsbüste und ein Deckenfresko Elias Holl dar.

» **Stadtmetzg, Metzgplatz 1**
Fassade öffentlich zugänglich
Telefon 08 21/5 02 07-0, www.augsburg-tourismus.de

9 St.-Markus-Kirche in der Fuggerei

Erbaut von Hans Holl (1580/81), bezahlt von Markus Fugger und Philipp Eduard Fugger als Gotteshaus für die Bewohner der Fuggerei (1521 gestiftet von Jakob Fugger „dem Reichen"). Die kleine Kirche St. Markus wurde 1944 zerstört und wie der Großteil der Fuggerei nach dem Zweiten Weltkrieg wieder aufgebaut. Von der Originalausstattung ist ein Taufstein im Stil der Renaissance erhalten.

» **Markuskirche in der Fuggerei, Jakoberstraße 26**
geöffnet: täglich (Eintritt inklusive der Fuggereimuseen und dem Museum im Weltkriegsbunker in der Fuggerei) April bis September 9 bis 20 Uhr, Oktober bis März 9 bis 18 Uhr
Telefon 08 21/31 98 81-0, www.fugger.de

10 Maximilianmuseum

In diesem Museum zur Stadtgeschichte der Kunstsammlungen und Museen Augsburg ist ein kompletter Raum Elias Holl und den Holzmodellen aus der Zeit der Renaissance gewidmet. Der Stich Lucas Kilians mit dem Porträt Holls ist ebenso zu sehen wie ein Proportionszirkel von 1614 aus dem Nachlass Holls. Im mit Glas überdachten Viermetzhof sieht man die Originalbronzen der drei Augsburger Monumentalbrunnen und den Reichsadler des von Holl errichteten, später abgebrochenen Siegelhauses.

» **Maximilianmuseum, Philippine-Welser-Straße 24**
geöffnet: Di. bis So. 10 bis 17 Uhr
Telefon 08 21/3 24-41 02, www.kmaugsburg.de

11 Koepfhaus

Von Hans Holl 1578 erbautes Stadtpalais. Die barocke Fassadengestaltung und die Namensgebung gehen auf einen späteren Besitzer – den Bankier Christian Georg von Koepf – zurück. Innen Renaissancegewölbe mit schlanken Säulen und Kaiserbüsten.

» **Koepfhaus, Philippine-Welser-Straße 28**
geöffnet: zu Öffnungszeiten des dortigen Restaurantbetriebs
Telefon 08 21/5 02 07-0, www.augsburg-tourismus.de

Beim Koepfhaus steht das Haus Philippine-Welser-Straße 26, das Elias Holl 1598 erbaut hat (kriegszerstört). Relikte Holl'scher Architektur sind gegenüber in der „Parfümerie Naegele" zu sehen.

12 Turm der Annakirche

Turm der protestantischen Kirche, 1602 umgestaltet von Elias Holl. Im Inneren eine der sehenswertesten Kirchen Augsburgs: die Fuggerkapelle (der älteste Renaissancebau Bayerns), die Heilig-Grab-Kapelle, ein Luther-Porträt (Werkstatt Lucas Cranach d. Ä.), Friedensengel auf der Kanzel, Lutherstiege als Gedenkstätte der Reformation und die Goldschmiedekapelle von 1420.

» **St.-Anna-Kirche, Im Annahof 2**
geöffnet: Mo. 12 bis 17 Uhr, Di. bis Sa. 10 bis 17 Uhr, So. 10 bis 12.30 Uhr und 15 bis 16 Uhr
Telefon 08 21/4 50 17-51 00, www.st-anna-augsburg.de

13 Ehemaliges Gymnasium bei St. Anna

Elias Holl, 1613 bis 1615 erbaut. Das ehemalige Gymnasium zählt zu den bedeutendsten Leistungen Holls. Der dreigeschossige Walmdachbau gilt als „Prototyp des deutschen Schulhauses mit Vorbildfunktion bis ins 20. Jahrhundert" (Augsburger Stadtlexikon).

» **Ehemaliges Gymnasium bei St. Anna, Im Annahof 4**
innen Bildungshaus, Außenbesichtigung jederzeit möglich
Telefon 08 21/4 50 17-4 00, www.annahof-evangelisch.de

14 Zeughaus

Elias Holl hat den Bau von Jakob Eschay 1602 übernommen und bis 1607 vollendet. Zweiflügeliger Gebäudekomplex mit Treppenturm im Gelenk, ehemaliges Waffenarsenal der Reichsstadt neben den Fuggerhäusern. Schaufront an der östlichen Stirnwand mit Bronzegruppe über dem Portal (Hans Reichle, gegossen von Wolfgang Neidhart). Im Erdgeschoss des Ostflügels dreischiffige Halle mit Kreuzgratgewölbe (zehn Joche) und toskanischen Säulen aus Rotmarmor („Toskanische Säulenhalle", 2023 für eine Römerausstellung genutzt). Im Gebäude befindet sich ein städtisches Bildungszentrum.

» Zeughaus, Zeugplatz 4
Außenbesichtigung möglich, die Toskanische Säulenhalle ist während eines Besuchs der Ausstellung zu besichtigen
Telefon 08 21/3 24-39 60, www.kmaugsburg.de

Auf dem folgenden Weg durch die Maximilianstraße kommt man vorbei am ehemaligen Anwesen Hieronymus Harters (Maximilianstraße 39, von Elias Holl 1598 erbaut, Fassade verändert). Einige Schritte weiter steht das Haus Anton Garbs (Maximilianstraße 79), 1600/01 erbaut von Elias Holl, Innenhof mit Arkaden und Laubengängen.

15 Arkadenwand im Hof des Höhmannhauses

Im Innenhof des sogenannten Höhmannhauses an der Maximilianstraße, ab 1625 das Haus Hieronymus Fuggers, errichtete Elias Holl eine Arkadenwand mit einem steinernen Wasserkasten im Zentrum. Die Arkadenwand bekrönt der Reichsadler, am Steinbecken stellt ein Relief den Wassergott Neptun dar. Ein typisches Beispiel für die Innenhöfe der Stadtpaläste reicher Patrizier am ehemaligen Weinmarkt, dem nobelsten Viertel in der Reichsstadt.

» Höhmannhaus, Maximilianstraße 48
Besichtigung des Innenhofs möglich
(Bitte Rücksicht auf die Hausbewohner nehmen.)

16 Reichsstädtisches Kaufhaus

Elias Holl, erbaut 1611, der Fassadenentwurf wohl von Johann Matthias Kager, Untergeschoss unverändert. Im dreigeschossigen Bau waren Läden untergebracht. An der Südwestecke Kopie eines Vesperbildes (um 1700). Fassade mit Schweifgiebel (Ende 18. Jahrhundert). Vor dem Bau steht der Herkulesbrunnen (1602).

» Reichsstädtisches Kaufhaus, Heilig-Grab-Gasse 1/3
Außenbesichtigung, Gastronomiebetrieb im Haus
Telefon 08 21/5 02 07-0, www.augsburg-tourismus.de

17 Holls Wohn- und Sterbehaus

Barockbau in der Kapuzinergasse – das Wohn- und Sterbehaus Elias Holls belegt den sozialen Aufstieg des Stadtwerkmeisters, Gedenktafel an der Fassade.

» **Wohn- und Sterbehaus Elias Holls, Kapuzinergasse 16**
Außenbesichtigung

18 Geburtshaus Elias Holls

Im Lechviertel stand das Wohnhaus Hans Holls, gleichzeitig das Geburts- und Wohnhaus (bis 1618) von Elias Holl. Am Erker über der Bäckergasse Kopien von Terrakottabüsten, die der 17-jährige Holl für das Anwesen des Fugger'schen Hauptbuchhalters Hanns Mehrer an der Maximilianstraße schuf (Originale 1944 zerstört). Gedenktafel für Elias Holl an der Fassade zur Werbhausgasse.

» **Geburts- und Wohnhaus Elias Holls, Werbhausgasse 2**
nur Außenbesichtigung

19 Heilig-Geist-Spital

Elias Holl, geplant ab 1623, erbaut von 1625 bis 1630, 1631 durch den Nachfolger des entlassenen Elias Holl vollendet. Vierflügelanlage mit Innenhof, zweigeschossige Hauptfront zur Spitalgasse, dort am Südende Türmchen der Heilig-Geist-Spitalkirche. Das Spital ist das letzte große Werk Elias Holls. Eine Inschrift über dem Hauptportal nennt ihn fälschlicherweise „Stadtbaumeister". Im Spitalgebäude (in dem ursprünglich arme alte Frauen und Männer untergebracht waren) befindet sich die Marionettenbühne der Augsburger Puppenkiste (im Erdgeschoss des Westtrakts mit dreischiffiger Säulenhalle) sowie das Puppentheatermuseum „die Kiste" (im Obergeschoss). Durch den Innenhof des Spitals führt der Weg in den angrenzenden Brunnenmeisterhof (Schwäbisches Handwerkermuseum im Unteren Brunnenmeisterhaus) und zu den drei Wassertürmen des Wasserwerks am Roten Tor. Es ist seit 2019 ein Objekt des Augsburger UNESCO-Welterbes.

» **Heilig-Geist-Spital, Spitalgasse 11 – 17 und Beim Rabenbad 6**
Außenbesichtigung. Zugang für die Besucher der Augsburger Puppenkiste, ihres Museums und eines Gastronomiebetriebs

20 Rotes Tor

Elias Holl erbaute 1622 nach dem Abriss des mittelalterlichen Stadttors auf dem gotischen Unterbau das Obergeschoss mit abgerundeten Kanten, Zeltdach, viereckiger Laterne und Spitzhelm.

» Rotes Tor, Am Roten Tor 5
Außenbesichtigung

21 Roter Torwall

1545 wurde mit dem Bau der Bastion vor dem Roten Tor begonnen. Elias Holl errichtete 1611 ein Streichwehr und eine Geheimstiege. Im Wallgraben bespielt das Staatstheater Augsburg eine Freilichtbühne. Diese Bastion deckte auch das Obere Wasserwerk. Dieses historische Wasserwerk am Roten Tor ist als Ensemble europaweit einzigartig – und seit dem Jahr 2019 UNESCO-Welterbe.

» Rote-Torwall-Anlagen, Rote-Torwall-Straße
Außenbesichtigung, teils zugänglich

22 Unterer St.-Jakobs-Wasserturm

Elias Holl, 1609 erbaut, zweigeschossiger, quaderverputzter Unterbau und zweigeschossiger Oberbau mit viereckigem Turm und flacher Kupferhaube. Wasserbehälter im obersten Stockwerk.

» Unterer St.-Jakobs-Wasserturm, Gansbühl 32
Außenbesichtigung, Innenbesichtigung über die „Buchhandlung am Obstmarkt" möglich, Telefon 08 21/51 88 04

23 Wertachbrucker Tor

Das nördliche Stadttor von Augsburg wurde im Jahr 1605 von Elias Holl um zwei Stockwerke erhöht und repräsentativ umgestaltet. Auf den quadratischen Unterbau setzte Baumeister Elias Holl ein achteckiges Zwischengeschoss sowie ein rundes Obergeschoss.

» Wertachbrucker Tor, Wertachbrucker-Tor-Straße 14
Außenbesichtigung (Anmietung über Schreinerinnung möglich)

Hinweis für den Stadtrundgang: Das Wertachbrucker Tor begrenzt das Domviertel im Norden. Auf dem Gelände des nahegelegenen Stetten-Instituts (Am Katzenstadel 18a) steht ein Relikt von Holls Gießhaus von 1601. Ebenfalls in der nördlichen Altstadt steht der nach Kriegszerstörung wiederhergestellte Turm von St. Stephan (erbaut 1619, Stephansplatz). Am Mariendom hat Elias Holl 1609 an den Verstrebungen des Südturms gearbeitet. Das nahe Anwesen Kohlergasse 16 hat übrigens sein Vater Hans Holl gebaut.

24 Friedhofskapelle St. Michael

Esaias Holl, erbaut 1603 bis 1605, wohl nach Plänen von Elias Holl, im Jahr 1703 bei der Belagerung von Augsburg im Spanischen Erbfolgekrieg großteils abgebrochen, mit Geld der Fugger wiederaufgebaut. Das Altargemälde von Johann Matthias Kager und Joseph Heintz, ein prunkvolles Fuggerwappen am Auszug eines Altars.

» **Friedhofskapelle St. Michael, Hermanstraße (Hermanfriedhof)**
geöffnet: täglich mindestens 8 bis 17 Uhr (Blick in die Kirche durch ein Schutzgitter), Telefon 08 21/32 90 30

25 Protestantischer Friedhof

Friedhof vor dem Roten Tor, angelegt 1563/64, seit 1649 der Protestantische Friedhof der Reichsstadt Augsburg, Grabmal Elias Holls und teils sehenswerte Grabdenkmäler weiterer prominenter Augsburger, darunter das der Eltern Bertolt Brechts.

» **Protestantischer Friedhof, Haunstetter Straße 36**
geöffnet: täglich mindestens 8 bis 17 Uhr
Telefon 08 21/57 60 18, www.protestantischer-friedhof.de

26 Holl'sche Lechhütten

Am Proviantbach, beim Industriedenkmal Schlacht- und Viehhof, stehen zwei von Elias Holl 1611 und 1630 errichtete Stadel, die

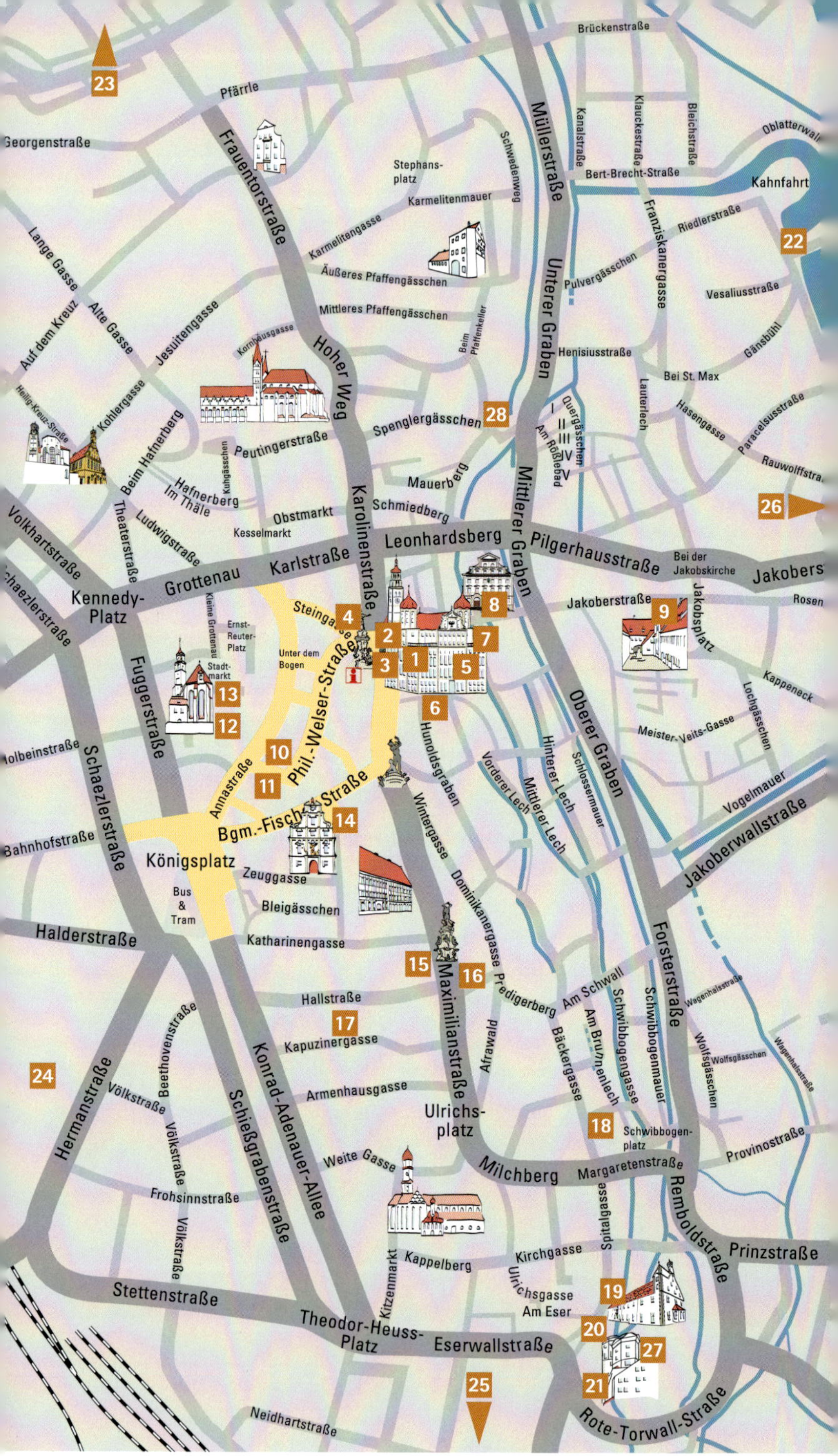

23
Pfärrle
Brückenstraße
Georgenstraße
Frauentorstraße
Stephans-
platz
Schwedenweg
Müllerstraße
Kanalstraße
Klauckestraße
Bleichstraße
Oblatterwall
Bert-Brecht-Straße
Kahnfahrt
Karmelitenmauer
Karmelitengasse
Franziskanergasse
Riedlerstraße
22
Lange Gasse
Äußeres Pfaffengässchen
Unterer Graben
Pulvergässchen
Vesaliusstraße
Mittleres Pfaffengässchen
Alte Gasse
Auf dem Kreuz
Jesuitengasse
Kornhausgasse
Hoher Weg
Beim Pfaffenkeller
Henisiusstraße
Gänsbühl
Bei St. Max
Lauterlech
Heilig-Kreuz-Straße
Kohlergasse
Beim Hafnerberg
Spenglergässchen
28
Quergässchen
Am Roßlebad
Hasengasse
Paracelsusstraße
Rauwolffstra
Peutingerstraße
Kuhgässchen
Hafnerberg
Im Thäle
Mauerberg
Mittlerer Graben
26
Theaterstraße
Ludwigstraße
Obstmarkt
Karolinenstraße
Schmiedberg
Volkhartstraße
Kesselmarkt
Leonhardsberg
Pilgerhausstraße
Bei der
Jakobskirche
Jakoberst
Schaezlerstraße
Kennedy-
Platz
Grottenau
Karlstraße
8
Jakoberstraße
9
Rosen
Kleine Grottenau
Steingasse
4
Ernst-
Reuter-
Platz
2
7
Jakobsplatz
Unter dem
Bogen
Phil.-Welser-Straße
3
1
5
Kappeneck
Stadt-
markt
13
6
Lochgässchen
Fuggerstraße
12
Hunoldsgraben
Meister-Veits-Gasse
Holbeinstraße
Schaezlerstraße
10
Hinterer Lech
Schlossermauer
Oberer Graben
Vorderer Lech
Annastraße
11
Vogelmauer
Bgm.-Fischer-Straße
Wintergasse
Mittlerer Lech
Jakoberwallstraße
14
Bahnhofstraße
Königsplatz
Zeuggasse
Dominikanergasse
Bus
&
Tram
Bleigässchen
Halderstraße
Katharinengasse
Forsterstraße
15
16
Maximilianstraße
Predigerberg
Am Schwall
Wagenhalsstraße
Hallstraße
Schwibbogenmauer
Beethovenstraße
Am Brunnenlech
Schwibbogengasse
17
Wolfsgässchen
Kapuzinergasse
Afrawald
Bäckergasse
Wagenhalsstraße
24
Hermanstraße
Völkstraße
Konrad-Adenauer-Allee
Armenhausgasse
Ulrichs-
platz
18
Schwibbogen-
platz
Völkstraße
Schießgrabenstraße
Provinostraße
Weite Gasse
Milchberg
Margaretenstraße
Frohsinnstraße
Remboldstraße
Spitalgasse
Völkstraße
Kappelberg
Kirchgasse
Prinzstraße
Kitzenmarkt
Ulrichsgasse
19
Stettenstraße
Am Eser
Theodor-Heuss-
Platz
Eserwallstraße
20
27
25
21
Rote-Torwall-Straße
Neidhartstraße

sogenannten Lechhütten. Ein Stadel ist komplett erhalten. Holl nutzte hier 1630 die Wasserkraft eines Lechkanals, um auf dem Areal eines Bauhofs das Werk einer Sägemühle anzutreiben.

» **Lechhütten, Johannes-Haag-Straße 27**
Außenbesichtigung

27 Oberes Wasserwerk 28 Unteres Wasserwerk

Mit Holl haben das Obere Wasserwerk beim Roten Tor und das Untere Wasserwerk am Mauerberg eigentlich nichts zu tun. Doch als beide Fassaden im Barockzeitalter erneuert wurden, hat man sie dennoch im Stil der Renaissance gestaltet. Vielleicht empfand man Elias Holls Fassadengestaltungen für repräsentative Bauten der Reichsstadt Augsburg als so vorbildhaft und „verpflichtend", dass sie auch noch bei Neubauten in späteren Stilepochen quasi als rechsstädtische „Corporate Architecture" verstanden wurden.

» **Wasserwerk am Roten Tor, Spitalgasse (Oberes Wasserwerk): Außenbesichtigung im Brunnenmeisterhof (über den Eingang Beim Rabenbad – samstags geschlossen) und Am Roten Tor 1**

» **Buchung von Führungen im Wasserwerk am Roten Tor: Tel. 08 21/5 02 07-33, stadtfuehrungen@regio-augsburg.de**

» **Wasserwerk am Mauerberg (Unteres Wasserwerk), Unterer Graben/Springergässchen**
Außenbesichtigung („Liliom Kino" im früheren Pumpenhaus)

Sehenswürdigkeiten

1 Rathaus
2 Perlachturm
3 St. Peter am Perlach
4 Neuer Bau
5 Elias-Holl-Platz und Elias-Holl-Denkmal
6 Fassade Elias-Holl-Platz 2
7 Klosterkirche Maria Stern
8 Stadtmetzg
9 St. Markus in der Fuggerei
10 Maximilianmuseum
11 Koepfhaus
12 Turm der Annakirche
13 Ehemaliges Gymnasium bei St. Anna
14 Zeughaus
15 Arkadenwand im Hof des Höhmannhauses
16 Reichsstädtisches Kaufhaus
17 Holls Wohn- und Sterbehaus
18 Geburtshaus Elias Holls
19 Heilig-Geist-Spital
20 Rotes Tor
21 Roter Torwall
22 Unterer St.-Jakobs-Wasserturm
23 Wertachbrucker Tor
24 Friedhofskapelle St. Michael
25 Protestantischer Friedhof
26 Holl'sche Lechhütten
27 Wasserwerk am Roten Tor
28 Wasserwerk am Mauerberg

Literatur (Auswahl)

Albrecht, Ingeborg: Elias Holl. Stil und Werk des „Maurmaisters" und der Augsburger Malerarchitekten Heintz und Kager, in: Münchner Jahrbuch der bildenden Kunst Neue Folge Bd. 12, München 1937, S. 101 – 136.

Andraschko, Ferdinand: Schloss Schwarzenberg im Wandel der Zeiten. Ein Beitrag zu seiner Geschichte, Neustadt an der Aisch 1960.

Baer Wolfram; Kruft, Hanno-Walter; Roeck, Bernd (Hrsg.): Elias Holl und das Augsburger Rathaus, Ausst.-Kat., Regensburg 1985.

Baum, Julius: Die Bauwerke des Elias Holl, Straßburg 1908.

Bushart, Bruno: Das Augsburger Rathaus und seine venezianischen Vorbilder, in: Venedig und Oberdeutschland in der Renaissance, Sigmaringen 1993, S. 223 – 232.

Dehio, Georg: Handbuch der deutschen Kunstdenkmäler, Bayern III: Schwaben, München 1989.

Dietrich, Dagmar: Die Dillinger Studienkirche – eine „Invention" des kaiserlichen Hof- und Kammermalers Joseph Heintz, in: Jahrbuch des historischen Vereins Dillingen 100, Dillingen 1999, S. 449 – 504.

Dietrich, Dagmar; Lanz, Eberhard: Die Kunstdenkmäler von Bayern, Neue Folge. Stadt Landsberg am Lech, Bd. 2, München 1997.

Fischer, Manfred: Die Willibaldsburg in Eichstätt, München 1987.

Gora, Axel: Die Versuchung des Elias Holl, Meßkirch 2012.

Guffler, Felix: Versorger, Zeitzeuge. Bewahrer. Der Untere St.-Jakobs-Wasserturm in Augsburg, Augsburg 2018.

Haberstock, Eva: Elias Holl – ein Wasserbauingenieur?, in: Wasser Kunst Augsburg, die Reichsstadt in ihrem Element, Ausst.-Kat., Augsburg 2018, S. 88 – 97.

Haberstock, Eva: Der Augsburger Stadtwerkmeister Elias Holl (1573 – 1646): Werkverzeichnis (Beiträge zur Geschichte der Stadt Augsburg), Petersberg 2016.

Häck, Bernhard: Unbekannte unterirdische Augsburger Kanäle. Wasserbaukunst an einem ausgesuchten Beispiel in Bayern und in Augsburg – ein Vorbericht, Augsburg 2017.

Hämmerle, Albert: Der Kupferstecher und Maler Elias Holl, in: Das schwäbische Museum, Augsburg 1930, S. 11 – 17.

Häußler, Franz: Augsburgs Tore. Der Reichsstadt Wehr und Zier, Augsburg 2002.

Hausladen, Eugen: Die Meister der Augsburger Baukunst. Mittelalter und Renaissance. Bearbeitet von Ulrich Heiß und Stefanie Richter, hrsg. von der altaugsburggesellschaft, Berlin/München 2016.

Jachmann, Julian: Die Künstler des Augsburger Rates, in: Zeitschrift des Historischen Vereins für Schwaben 99, Augsburg 2006, S. 65 – 109.

Jachmann, Julian: Die Kunst des Augsburger Rates 1588 – 1631. Kommunale Räume als Medium von Herrschaft und Erinnerung, München 2008.

Jonkanski, Dirk: Oberdeutsche Baumeister in Venedig. Reiserouten und Besichtigungsprogramme, in: Venedig und Oberdeutschland in der Renaissance, Sigmaringen 1993, S. 31 – 39.

Karg, Frank A.; Koutná-Karg, Dana: Zacharias Geizkofler und die Einführung der Reformation in Haunsheim 1603, in: Jahrbuch des historischen Vereins Dillingen 106, Dillingen 2005, S. 12 – 39.

Keßler, Daniel: Der Dillinger Baumeister Hans Alberthal, in: Jahrbuch des historischen Vereins Dillingen 51, Dillingen 1945 – 1949, S. 3 – 154.

Kießling, Hermann: Der Goldene Saal und die Fürstenzimmer im Augsburger Rathaus. Eine Dokumentation der Wiederherstellung, München/Berlin 1997.

Kießling, Hermann; Lohrmann, Ulrich: Türme – Tore – Bastionen. Die reichsstädtischen Befestigungsanlagen Augsburgs, Augsburg 1987.

Kluger, Martin: Augsburgs historische Wasserwirtschaft. Der Weg zum UNESCO-Welterbe, Augsburg 2015.

Kluger, Martin: Historische Wasserwirtschaft und Wasserkunst in Augsburg. Kanallandschaft, Wassertürme, Brunnenkunst und Wasserkraft, Augsburg 2013.

Knorre, Eckhard von: Handwerker – Genie – Märtyrer? Elias Holl im Urteil seiner Biographen und Interpreten, in: Zeitschrift des Historischen Vereins für Schwaben 68, Augsburg 1974, S. 130–162.

Lieb, Norbert: Elias Holl, in: Lebensbilder aus dem Bayerischen Schwaben, Bd. II, München 1953, S. 246–268.

Lieb, Norbert: Augsburger Baukunst der Renaissancezeit, München 1955.

Lieb, Norbert: Die Fugger und die Kunst im Zeitalter der hohen Renaissance, München 1958.

Mauer, Benedikt: Zur Organisation städtischen Bauens zwischen Elias Holl, Marcus Welser und Bernhard Rehlinger, in: Zeitschrift des Historischen Vereins für Schwaben 89, Augsburg 1996, S. 75–94.

Mauer, Benedikt: Die Hauschronik des Elias Holl – Autobiographie eines Renaissancearchitekten?, in: Autobiographie und Selbstportrait in der Renaissance, Köln 1998, S. 193–201.

Meyer, Christian: Die Hauschronik der Familie Holl (1487–1646), München 1910.

Metzger, Christof: Landsitze Augsburger Patrizier, München/Berlin 2005.

Miller-Gruber, Renate; Krämer, Gode: 400 Jahre Augsburger Zeughaus. Das reichsstädtische Waffenarsenal von Elias Holl, Augsburg 2007.

Netzer, Susanne: Johann Matthias Kager, Stadtmaler von Augsburg (1575–1634), Diss. Phil. München 1979.

Petzet, Michael; von Hagen, Bernd; Wegener-Hüssen, Angela (Hrsg.): Denkmäler in Bayern, Bd. VII. 83, Stadt Augsburg, München 1994.

Roeck, Bernd: Anmerkungen zum Werk des Elias Holl. Über den Entstehungsprozeß von Architektur im 17. Jahrhundert, in: Pantheon 41, München 1983, S. 221–234.

Roeck, Bernd: Elias Holl, Architekt einer europäischen Stadt, Regensburg 1985.

Roeck, Bernd: Elias Holl: ein Architekt der Renaissance, Regensburg 2004.

Sauter, Marion: Die Oberdeutschen Jesuitenkirchen (1550–1650). Bauten, Kontext und Bautypologie, Petersberg 2004.

Schütte, Ulrich: Elias Holl als „Stadtwerkmeister" und „Architectus". Hinweise auf seinen Teilnachlaß in Wolfenbüttel, in: Zeitschrift des Historischen Vereins für Schwaben 84, Augsburg 1991, S. 55–68.

Städtische Kunstsammlungen, Augsburg; Zentralinstitut für Kunstgeschichte, München (Hrsg.): Welt im Umbruch, 3 Bde., Ausst.-Kat. Augsburg 1980/81.

Stetten, Paul von: Kunst-, Gewerbe- und Handwerksgeschichte der Reichsstadt Augsburg, Augsburg 1779.

Vogt, Wilhelm: Elias Holl – der Reichsstadt Augsburg bestellter Werkmeister, Bamberg 1890.

Wallenta, Wolfgang: Augsburg & Italien. Eine 2000jährige Beziehung, Augsburg 2009.

Werner, Anton: Augsburger Häusergeschichte, Augsburg 1916/1977.

Zimmer, Jürgen: Die Veränderungen im Augsburger Stadtbild zwischen 1530 und 1630, in: Welt im Umbruch, Ausst-Kat. Augsburg 1981, Bd. III, S. 25–65.

Zimmer, Jürgen: Joseph Heintz der Ältere, Zeichnungen und Dokumente, München/Berlin 1988.

Namensregister

Ortsregister

Augsburg
Öffentliche Bauten

Augsburg
Kirchen

Augsburg
Privathäuser, Straßen und Plätze

Augsburg
Türme, Brücken,
Befestigungen und Wasserwerke

Städte und Orte außerhalb von Augsburg

Bildnachweis

Fotografie Titel:
Martin Kluger

Fotografie Rücktitel:
Martin Kluger (4)

Fotografie Inhalt:

Alle Bilder in diesem Buch stammen von Martin Kluger, mit Ausnahme von

Wolfgang B. Kleiner: S. 15, S. 90, S. 91 (1/o.)

Hannah Kluger: S. 34, S. 35 (1/o.)

Patrick Kluger: S. 106

Petra Kluger: S. 32/33

Kunstsammlungen und Museen Augsburg: S. 52, S. 102

Manfred Lehnerl: S. 25

Sammlung Häußler: S. 131

Wikimedia Commons: S. 43 (Manha28), S. 68 (Balthasar Friedrich Leizel /Ras67/CC BY 2.0 DE), S. 74 (Matthäus Merian/Joergens.mi/gemeinfrei), S. 95 (Johann Poppel/Neopolem/gemeinfrei), S. 124 (Gabriel Bodenehr der Ältere/AndreasPraefcke/gemeinfrei), S. 143 (Ludwig Rohbock/Tbartovic/gemeinfrei), S. 147 (1/u.r. Bbb/CC BY-SA 3.0/CC BY-SA 2.5/CC BY-SA 2.0/CC BY-SA 1.0)

Impressum

Elias Holl. Der Baumeister der Renaissancestadt Augsburg

Renate Miller-Gruber

Hrsg: Regio Augsburg Tourismus GmbH
context verlag Augsburg | Nürnberg

1. Auflage, April 2023

Konzeption und Pläne, Grafik und Produktion:
concret Werbeagentur GmbH, Augsburg

Umschlaggestaltung:
Thomas Leberle

Lektorat:
Martin Kluger, Candida Sisto

Druck:
Senser Druck Augsburg

eco zoom natureOffice.com/DE-559-2A1JYDG Rohstoffe Transporte Produktion g CO2e 847 pro Produkt CO2e-Emissionen ausgeglichen

Bibliografische Information der Deutschen Bibliothek:

Die Deutsche Bibliothek verzeichnet diese Publikation in der Deutschen Nationalbibliografie, detaillierte bibliografische Daten sind im Internet über http://dnb.ddb.de abrufbar.

ISBN 978-3-946917-39-7